Zwei Beiträge zur jüdischen Geschichte

Thomas Ridder

Zwei Beiträge zur jüdischen Geschichte

»Tora, wer wird dich jetzt erheben?«
Das Jahr 1096 und der Untergang der jüdischen
Gemeinden im Rheintal

Auf dem Weg ins Bürgertum
Die jüdische Familie im 19. Jahrhundert
zwischen Tradition, Emanzipation
und Akkulturation

Borken 2008

© Thomas Ridder, Borken 2008

Herstellung und Verlag:
Books on Demand GmbH, Norderstedt
ISBN 978-3-8391-1148-2

Inhalt

»Tora, wer wird dich jetzt erheben?«
Das Jahr 1096 und der Untergang der jüdischen Gemeinden im Rheintal[1]

Wir schreiben das Jahr 1096, im Frühjahr. Abraham, seit vielen Jahren in Troyes, Frankreich, ansässig, schreibt an seinen Bruder Jakob in Genua, den er vor fünfundzwanzig Jahren zum letzten Mal gesehen hat.

»[...] Du weißt sicherlich, dass der Papst in Rom zu Anfang des Winters die Christen aufgerufen hat, nach Jerusalem zu ziehen, um das, was sie ihre heilige Stätte nennen, zu befreien. Du weißt auch, dass sein Ruf nicht ungehört blieb. Als uns klar wurde, welche Menschenmassen sich da in Bewegung setzten, begannen wir um unser Leben zu fürchten. Wir haben drei unserer Weisen zum Papst nach Limoges geschickt, wo er das Fest feierte, das die Christen Weihnachten nennen. Er hat sie empfangen wie es ihnen gebührt, und sie beruhigt: Sein Ruf richte sich nur an den Adel und die Ritterschaft, deren Armeen seien an Zucht und Ordnung gewöhnt, und wir hätten keinen Grund zur Sorge. Sein Legat, der Bischof von Puy, bat uns sogar, zur Versorgung dieser Armeen beizutragen, wenn sie durch Städte mit wohlhabenden jüdischen Gemeinden zögen. Trotzdem benachrichtigten wir unsere Brüder im Rheintal, durch das die Christen kommen mussten. Wir rieten ihnen, zu fasten, zu büßen und zu beten, um die Gefahr abzuwenden. Weißt Du, mein lieber Bruder, was sie uns geantwortet haben? Die Christen seien ihre Freunde, die Bischöfe schützen sie und sie hätten nichts zu befürchten. Wir Unglücklichen, die wir nie an die Warnungen des Ewigen - gepriesen sei sein Name - glauben, die er uns in seiner Barmherzigkeit schickt!

Während die adligen Herren ihren Kreuzzug vorbereiteten, begann ein kleiner Mönch, der sich Peter der Einsiedler nennt, durch die Städte und Dörfer zu ziehen und zu predigen. Gott habe ihm einen Brief geschickt, Jerusalem könne nicht länger warten und man müsse sich auf den Weg machen. Ich habe ihn mit eigenen Augen gesehen und seine Reden gehört, als er, gefolgt von einer wild gewordenen Menge, durch Troyes kam. Er ist klein, schmächtig und dunkelhaarig, geht selbst im tiefsten Winter barfuß und mit nackten Armen und isst nur Brot. Wenn er redet, verlieren die Christen den Verstand. Sie reißen ihm einzelne Haare vom Kopf und nennen das Reliquien, sie verlassen Haus und Hof, nähen sich auf die Schulter ein rotes Kreuz aus Stoff, manche tätowieren sich sogar eines mitten auf die Stirn, und folgen ihm, ohne zu wissen, ob sie je zurückkehren werden. Dieser Peter hat uns um ein Schreiben gebeten, in dem wir bestätigen sollten, er habe unserer Stadt keinen Schaden zugefügt und den Juden nichts Böses angetan. Außerdem sollten wir die Gemeinde der Aschkenasim

---

[1]) Schriftliche Langfassung eines als Vortrag konzipierten und vorgetragenen Textes

auffordern, sie mit Lebensmittel zu versorgen, wenn sie durch ihre Städte kämen. Wir haben es getan. Wir Unglücklichen!

Wie konnten wir nur vergessen, dass die aufgestachelte Menge immer auf die Juden losgeht. In Rouen in der Normandie hat es angefangen. Dort kamen die ersten Juden um - Gott sei ihren Seelen gnädig. Dann fiel es dem Herzog von Lothringen, Gottfried von Bouillon, plötzlich ein, sich zu fragen, warum man die Ungläubigen im Morgenland bekriegen soll, wenn man andere Ungläubige im eigenen Reich duldet. Die Gemeinden von Mainz und Worms haben ihm jede fünfhundert Silbermark geschickt, und der Kaiser hat all seinen Lehensherrn befohlen, die Juden zu schützen. Wir Unglücklichen, die wir an diese Versprechen glaubten!

Peter der Einsiedler und seine Anhänger sind im Frühjahr aufgebrochen, obgleich der Papst als Zeitpunkt den Hochsommer bestimmt hatte. Eifernde Mönche und Straßenräuber behaupteten, Gott oder der Papst habe sie gesandt, und folgten seinem Beispiel. Auch ihnen zog die mordlustige Menge nach. In Metz zwang eine dieser Banden die Juden, den Glauben unserer Väter aufzugeben. Die sich nicht taufen ließen, wurden umgebracht, so wie Rabbi Samuel, der Schatzmeister der Gemeinde, und mit ihm noch einundzwanzig andere. Unser Vetter Abel, der Sohn des Bankiers Nephtali - vielleicht erinnerst Du Dich, als wir damals nach Troyes kamen, bot er mir an, bei ihm zu arbeiten - wurde auch von dem unreinen Wasser der Christen geschändet. Aber Raschi hat diese Zwangstaufen für ungültig erklärt, ebenso der Kaiser. Man zwingt uns Unglückliche, unsere Väter zu verleugnen!

Was danach geschah, wirst Du noch erfahren, mein teurer Bruder. Wir haben aus Worms, Mainz und Armstadt Berichte erhalten. Unter Tränen und Wehklagen haben wir sie gelesen und unter Tränen und Wehklagen habe ich sie abgeschrieben, um sie denen zu schicken, die vom Unglück verschont geblieben sind. Sie sollten es wissen und nichts davon vergessen. Bete und faste, mein teurer Bruder. Unglück über uns, die wir im Exil leben und noch immer die Sünden Israels büßen müssen.

[...] Schließ Dich an, mein teurer Bruder, und weine über Israel.«

Dieser Brief ist fiktiv, er stammt aus dem Roman »Abraham. Wege der Erinnerung« des Autors Marek Halter.[2] Er beschreibt anschaulich, sich an die historischen Fakten haltend, die Situation des Jahres 1096 und die Einstellung und Haltung der Juden in Frankreich und Deutschland.

Doch bevor wir uns weiter mit den Ereignissen des Jahres 1096 befassen, sollten wir zunächst den zeitgenössischen Hintergrund betrachten.

---

[2]) Marek Halter, Abraham. Wege der Erinnerung. S. 205/206.

Die Anfänge der jüdischen Siedlungen in Deutschland

Über die Anfänge der jüdischen Niederlassungen in Deutschland ist nur recht wenig bekannt. Nach allem was man weiß, begannen sich die jüdischen Gemeinden im Deutschen Reich (dem *regnun teutonicum*) im späten 9. Jahrhundert an zunächst nur wenigen aber bedeutenden Orten zu etablieren. Diese ersten Gemeinden bildeten sich entlang des Rheins: Speyer, Worms, Mainz und Köln. Einzelheiten über diese Gemeinschaften, vor allem von den großen Ansiedlungen in Speyer und Worms, erfahren wir erstmals zum 11. Jahrhundert aus hebräischen und lateinischen Quellen. Dort am Mittelrhein war vor und auch noch einige Zeit nach dem Kreuzzugspogrom von 1096 das geistige Zentrum der gesamten aschkenasischen Judenheit. Neben Speyer und Worms zählte noch Mainz dazu. Der Ruf war so ausstrahlend, dass selbst ein Mann wie die große rabbinische Autorität Schlomo ben Jitzchak alias Raschi von Troyes, der die gewaltige Aufgabe der Kommentierung des babylonischen Talmuds übernehmen sollte, sich in seiner Jugend (um 1060) aufmachte, in Mainz sowie in einem Wormser Lehrhaus zu studieren.

Die Juden, die zu Beginn des 9. Jahrhunderts und früher, in der karolingischer Zeit, im ostfränkischen Reich anzutreffen waren, waren höchstwahrscheinlich nicht ansässig, sondern bereisten diese Gebiete nur. Sie waren vielfach als Fernkaufleute tätig.

Für das ausgehende 9. und das 10. Jahrhundert können für einige Städte einzelne jüdische Familien bereits nachgewiesen werden, so z.B. in Mainz und später auch für Speyer und Worms. Im 11. Jahrhundert nahmen die städtischen Judengemeinden einen zwar nicht ungestörten, aber dennoch rasanten demographischen Aufschwung. Es kann davon ausgegangen werden, das 1096 deutlich mehr als 1000 Juden in Mainz lebten. Damit dürften der jüdische Bevölkerungsanteil die 10-Prozent-Marke deutlich überschritten haben. Im kleineren Worms lag der Anteil vermutlich noch höher. Diese Werte blieben nicht nur im mittelalterlichen Deutschland einmalig, sondern waren es auch mit Blick auf die europäischen Nachbarn.[3]

Neben der Tätigkeit als Kaufleute hatten die Juden die Erlaubnis, ihren Wein, Arzneimittel und Farbstoffe an Christen zu verkaufen. Im Mittelal-

---

[3] Gerd Mentgen, Die Juden des Mittelrhein-Mosel-Gebietes im Hochmittelalter unter besonderer Berücksichtigung der Kreuzzugsverfolgungen. In: Der Erste Kreuzzug und seine Folgen. Die Verfolgung von Juden im Rheinland. Düsseldorf 1996. S. 37-75. Hier S. 44/45.

ter besaßen viele Juden Weingärten. Strenggläubige Juden durften den Wein der Christen nicht trinken, da er nicht koscher war. Sie durften aber ihre Weine an Christen verkaufen. Weitere wichtige Handelsartikel waren Farbstoffe. Das Färberhandwerk war eine Berufssparte, in dem es eine ganze Reihe von jüdischen Spezialisten gab. - Man hüte sich daher vor dem Fehlurteil, die Juden hätten nur im Handel und vor allem im Kreditgeschäft ihr Geld verdient.[4]

Die rechtliche Stellung der Juden

Im Frühmittelalter war das Verhältnis von Christen und Juden nicht nur gespannt. Die Juden galten als eine religiöse Sondergemeinschaft innerhalb der christlichen Gemeinde. Sie waren geschätzt als Fernkaufleute. Juden konnten wenigstens im frühen Mittelalter in einigen Städten das Bürgerrecht erwerben, so z.B. in Worms. Im Frühmittelalter war ihnen das Waffentragen nicht untersagt. Waffen durfte aber nur ein freier Mann tragen. Noch die Heidelberger Bilderhandschrift des Sachsenspiegels zeigt Juden als Waffenträger.[5]

Die Judengemeinde war eine Sondergemeinde innerhalb und neben der christlichen Einwohnerschaft. Die Juden durften sich weitgehend selbst verwalten. Sie führten ein eigenes Gemeindesiegel und verfügten über Gemeindeinstitutionen, die für die religiösen und sozialen Bedürfnisse der Mitglieder unabdingbar waren: Synagoge, Friedhof, Ritualbad, Metzig, Backstube und Festhaus. In Fragen von Gericht, Steuern, Abgaben und Verteidigung unterstanden die Juden jedoch auch der christlichen Obrigkeit.[6]

Aus unterschiedlichen Quellen geht hervor, dass sich die Juden am Hofe Kaiser Ludwigs des Frommen, aber auch bei der einfachen Bevölkerung gewisser Sympathie erfreuten. In seinen judenfeindlichen Predigten beklagt der Bischof Agobard von Lyon, dass die einfachen Christen lieber die Predigten in der Synagoge hörten als in den Kirchen. Sie schätzten die Juden um der Propheten willen und sie wären beeindruckt von dem

---

[4] G. Mentgen, Die Juden des Mittelrhein-Mosel-Gebietes. S. 51.
[5] Willehad Paul Eckert, Antisemitismus im Mittelalter. Angst - Verteufelung - Habgier: »Das Gift, das die Juden tötete.« In: Günther Bernd Ginzel (Hrsg.), Antisemitismus. Erscheinungsformen der Judenfeindschaft gestern und heute. Bielefeld 1991. S. 71-99; hier S. 77.
[6] G. Mentgen, Die Juden des Mittelrhein-Mosel-Gebietes. S. 45.

Ernst, mit dem die Juden sich an die Bräuche und Gewohnheiten ihrer Religion hielten.[7]

Im Verlaufe des Mittelalters wurden die Juden zu »servi camerae« des Königs, d.h. »Kammerknechte«. Als diese gehörten die Juden zur *familia* des Herrschers. Dadurch sollte ihr Schutz theoretisch gestärkt werden. Sie standen dem König persönlich nahe und durften auch mit entsprechender Fürsorge rechnen. Freilich barg diese Form von »Knechtschaft« gerade bei den Juden, die nach der Lehre der Kirche in einem Duldungs- bzw. Unterordnungsverhältnis zu den Christen standen, zugleich die sehr reale Gefahr in sich, doch nur wie rechtlose Subjekte des christlichen Herrschers behandelt zu werden. Dies sollte allerdings erst in der nachstaufischen Zeit akut werden.

Der zeitgenössische Hintergrund

Der erste Kreuzzug im Jahre 1096 bedeutete für die mittelalterliche Welt nach Jahrhunderten der Stagnation, ja eines Rückzuges auf sich selbst, einen gewaltigen Aufbruch.

In vielen Bereichen gab es im 11. Jahrhundert religiöse Aufbruch- und Reformbewegungen. In der lateinischen Kirche gab es die *libertas ecclesiae*, die »Freiheit der Kirche«, was vor allem die Lösung der Kirche von weltlichem Einfluss auf die Besetzung der Kirchenämter bedeuten sollte. Auch in der griechischen Kirche meldeten sich neue Kräfte, das Mönchtum erhielt von Athos her neue Impulse, und der Klerus begann größeren Einfluss auf die Staatsgeschäfte zu nehmen. Im Judentum war ein neues Selbstbewusstsein festzustellen, das sich nicht zuletzt in öffentlichen Disputationen mit christlichen Glaubensvertretern, wie z.B. in London um 1090, äußerte. Fast gleichzeitig mit der abendländischen Reformbewegung setzt in der Mitte des 11. Jahrhunderts im Islam eine Renaissance der Sunna gegen die seit einiger Zeit auf dem Vormarsch befindliche Schia ein.

Wirtschaftlich und demographisch befand sich das Abendland nach der großen frühmittelalterlichen Depression wieder in einer Aufschwungphase, doch war es noch weitgehend agrarisch bestimmt. Erst langsam setzte mit der Entwicklung von Märkten und Städten der Übergang zu einer stärker geldwirtschaftlich bestimmten Struktur ein. Große Schwankungen in den Erträgen je nach den klimatischen Gegebenheiten und

---

[7] W.P. Eckert, Antisemitismus, S. 77.

wegen des Fehlens von Ausgleichsmöglichkeiten daraus folgende Hungersnöte waren an der Tagesordnung. In diesen wie in den Naturkatastrophen und ungewöhnlichen Himmelserscheinungen sah man im Nachhinein gern Hinweise auf politische Ereignisse. So begleiteten im Jahre 1095 die Nachrichten von der Bedrängnis der Christen im Osten Berichte über Missernten und Hungersnot, den Aufbruch der Kreuzfahrer im Jahre 1096 solche von einer Jahrhundernternte.[8]

Dennoch hatten weiterhin die urbanen Welten des Islam und des byzantinischen Reiches, dessen unermessliche Reichtümer Bewunderung und Neidgefühle zugleich hervorriefen und eine ständige Anziehungskraft auf die »armen Vettern« im Westen ausübten, die wirtschaftliche Führung inne.

Das Papsttum war in den Jahren vor 1096 gespalten. In Rom residierte der vom Kaiser gestützte Clemens III. (1080-1100) als Gegenpapst. Urban II. (1088-1099), er wollte das Papsttum reformieren, hielt sich zunächst mehrere Jahre in Süditalien auf. Im Jahr1094 zog Urban von Rom langsam nach Norden. Für das Frühjahr 1095 hatte er nach Piacenza ein Konzil einberufen. Er wollte die militärischen Erfolge seiner Anhänger gegen den Kaiser und vor allem den Abfall des Kaisersohnes Konrad ausnützen, um die Reformanliegen in Oberitalien weiter voranzutreiben und den Gegenpapst, der sich wieder in Rom festgesetzt hatte, von seiner Machtbasis abschneiden.

In Piacenza erreichte den Papst eine Gesandtschaft des byzantinischen Herrschers mit der Bitte um militärische Unterstützung gegen die Feinde des byzantinischen Reiches. In der heutigen Forschung ist man sich einig, dass diese Bitte sicherlich nicht das Hauptanliegen an den Papst war; denn dringend erforderlich war im Jahre 1094/95 eine militärische Hilfe für das byzantinische Reich nicht. Seit 1090 hatte Byzanz sogar mit den eigenen Kräften erfolgreich die Türken zurückdrängen können. Doch neue zusätzliche abendländische Reiter, deren Kriegstüchtigkeit bekannt war, konnte man immer gebrauchen. Um die Reform auch jenseits der Alpen zu fördern, entschloss er sich zu einer Reise nach Südfrankreich, wo am 18. November 1095 das berühmteste Konzil des Hochmittelalters zusammentrat, an dessen Ende der Kreuzzugsaufruf stand.[9]

---

[8] Rudolf Hiestand, Der Erste Kreuzzug in der Welt des ausgehenden 11. Jahrhunderts. In: Der Erste Kreuzzug und seine Folgen. Die Verfolgung von Juden im Rheinland. Düsseldorf 1996. S. 1-36. Hier S. 7/8.

[9] R. Hiestand, Der Erste Kreuzzug. S. 8.

In Clermont wurde die in Piacenza vorgetragene Bitte um Unterstützung aufgegriffen. Dennoch war das Konzil nicht auf einen Kreuzzug zur Befreiung des Hl. Landes hin ausgerichtet. Im Vordergrund stand und blieb die Kirchenreform und die Auseinandersetzung mit den weltlichen Herrschern über die Stellung der Kirche im so genannten Investiturstreit. Chroniken und Urkunden erwähnen zwischen März und November 1095 nie den bevorstehenden Aufruf.

Neben Regelungen über disziplinäre, liturgische, pastorale Fragen, über Simonie, Investitur, Zehnten, Fasten usw. bezog sich von mindestens 32 Konzilsbeschlüssen nur ein einziger auf den Kreuzzug. Er lautete knapp: *»Wer immer aus reiner Gottesliebe nicht um des Erwerbs von Ehre und Geld willen zur Befreiung der Kirche Gottes nach Jerusalem aufbricht, dem soll dies als volle Bußleistung angerechnet«* [werden].[10] Nur vier von vierzehn überlieferten Fassungen der Beschlüsse enthalten überhaupt, dreimal an zweiter, einmal an achter Stelle, den Kreuzzugsaufruf.

Der Kreuzzug war ein Anhängsel des Konzils. Auch die berühmte Rede des Papstes erfolgte erst nach Beendigung der Versammlung. Die Zahlen, die in vielen Quellen genannt werden, müssen schlichtweg als übertrieben angesehen werden. Vermutlich hatte das Konzil rund 180 Teilnehmer. Urban nannte selbst zwölf Erzbischöfe, 80 Bischöfe und 90 Äbte. Es waren vor allem Bischöfe aus Frankreich und Spanien sowie einige Italiener, keiner aus dem rechtsrheinischen Deutschland und dem Norden oder aus England.

Als der Papst seine Rede beendet hatte, brach die Menge in den Ruf aus »Deus lo volt« (Gott will es), der zum Kreuzzugsruf wurde. Die ersten ließen sich vom Papst ein schwarzes Stoffkreuz auf die rechte Schulter oder zwischen die Schultern auf das Gewand heften. Damit hatte der »Kreuz«-Zug sein symbolisches Zeichen erhalten.

In den nächsten Tagen erfolgten weitere organisatorische Absprachen. Bischof Adhemar von Le Puy wurde zum Legaten ernannt. Er legte vermutlich auch den Aufbruch auf den 15. August 1096 fest, dem Hochfest Mariä Himmelfahrt. Noch während dieser Beratungen traf die Meldung von der Teilnahme des Grafen Raimund IV. von Toulouse ein. Der Kreuzzug war geboren.

---

[10]) R. Hiestand, Der Erste Kreuzzug. S. 12.

Kreuzzug und Pilgerfahrt

Der Kreuzfahrer unterschied sich vom Pilger durch seine Waffe, aber der Kreuzzug war im Grunde nichts anderes als eine bewaffnete Wallfahrt, die mit besonderen geistlichen Privilegien ausgestattet war und als besonders verdienstvoll galt. Der Kreuzzug war eine konsequente Fortbildung der Pilgeridee. Niemandem wäre es eingefallen, zur Eroberung des Hl. Grabes auszuziehen, wären nicht schon Jahrhunderte hindurch die Menschen immer und immer wieder dorthin gewallfahrtet. Der ständige Pilgerstrom musste in der Christenheit den Wunsch aufkommen lassen, das Grab Christi selbst zu besitzen, nicht um die Schwierigkeiten der Pilgerfahrt zu beseitigen, sondern weil der Gedanke, die Hl. Stätten, das »Erbgut Christi«, in der Hand der Heiden zu wissen, für die Menschen allmählich immer unerträglicher wurde.[11]

Der Zusammenhang zwischen Wallfahrt und Kreuzzug liegt offen zutage; das Verdienst beides institutionell verknüpft zu haben, gebührt Urban II. Wenn man auch mit den zunehmenden Schwierigkeiten der Pilgerfahrt als Wurzel für die Kreuzzüge nicht mehr argumentiert, so ist doch die Bedeutung der Wallfahrt für die Entstehung der Kreuzzüge ganz entscheidend. Die Zeitgenossen waren zunächst gar nicht imstande, deutlich zwischen dem einen und dem anderen zu unterscheiden. Die mittellateinische Sprache hat ein Wort für den Begriff »Kreuzzug« erst spät (Mitte des 13. Jh.) entwickelt und dann selten gebraucht; auch die deutsche kennt es erst seit der Zeit Lessings. Man behalf sich im Mittelalter ganz überwiegend mit Umschreibungen wie *expeditio, iter in terram sanctam* (Reise ins Hl. Land) und - vor allem zu Beginn der Kreuzzüge - mit *peregrinatio*, dem Fachausdruck für die Wallfahrt.[12]

Die Idee einer bewaffneten Wallfahrt musste vor allem in der Ritterschaft zündend wirken, die durch die kirchliche Erneuerungsbewegung allmählich an den Glaubenskrieg herangeführt worden war.[13]

Seit der Zeit Papst Gregors VII. (1073-1085) hatte das Rittertum als Stand ein eigenes, ins kirchliche Weltbild eingebettetes Berufsethos erhalten, dessen sichtbarer liturgischer Ausdruck die Ritterweihe war. Es ist wichtig zu wissen, dass am Vorabend der Kreuzzüge ein voll ausgebildeter Kriegerstand vorhanden war, der über die Grenzen einzelner Länder

---

[11]) Hans Eberhard Mayer, Geschichte der Kreuzzüge, Stuttgart, 8. Aufl. 1995. S. 19.
12) H.E. Mayer, S. 19.
[13]) H.E. Mayer, S. 20.

durch einen gemeinsamen Sittenkodex verbunden und also auch zu gemeinsamen Unternehmungen bereit und fähig war.

Trotz vieler stark theoretischer Erörterungen über Wallfahrtsgedanken und heiligen Krieg darf man die Motive für die starke Beteiligung der ritterlichen Schicht am Kreuzzug nicht allein im Bereich des Religiösen, der Kollektivpsychologie und des Standesethos suchen. Es waren hier auch ganz dürre wirtschaftliche und gesellschaftliche Faktoren am Werk, mehr als man gemeinhin für zulässig hält. Man darf auch die Abenteuerlust und den Beutetrieb der Ritter nicht außer acht lassen. Urban II. versprach in Clermont den Ausziehenden den ungestörten Besitz der eroberten Länder.

Neben den vielen Gründen für die Kreuznahme darf einer, der die anderen weit in den Schatten stellen sollte, nicht vergessen werden: Es war der Verdienstgedanke, wie ihn der Kreuzzugsablass zum Ausdruck brachte. Die noch heute gültige theologische Lehre dieses Sündentilgungsverfahrens ist erst nach dem ersten Kreuzzug (vom 12. Jh. an) geschaffen worden, um die aufgebaute Lehre theologisch zu untermauern.

Der Ablassgedanke hatte sich über einen Zeitraum von mehreren Jahrhunderten aus der Bußdisziplin der Kirche entwickelt. Aber erst in Verbindung mit der Pilgerfahrt nach Jerusalem entfaltete er seine volle Wirkung. Hierbei war es von Bedeutung, dass die Bußwallfahrt nach Jerusalem als besonders verdienstvoll und Heil bringend galt. Die kirchliche Theorie vertrat zwar von Anfang an die Meinung, man könne durch eine Ortsveränderung an sich Gott nicht näher kommen, aber im Volk ließ sich der Glaube an den Heilswert der Jerusalemfahrt nicht ausrotten. Jerusalem erlangte seine Bedeutung durch die Tradition der heiligen Stätten. Schon im 8. Jahrhundert ist der Glaube bezeugt, dass der Besuch der Grabeskirche frei von Sünden macht.

Aus dem Denken und Handeln von Papst Urban II. kann geschlossen werden, dass er offenbar im Kreuzzug nichts anderes sah als eine Fortführung der Pilgerfahrt. Der Kreuzfahrer war eine Art Vorzugspilger, ein Pilger mit Waffenehre. Er stand eine Stufe höher als der friedliche Jerusalempilger, aber der Unterschied war ein gradueller, kein grundsätzlicher. So haben es auch die Zeitgenossen verstanden. Den Kreuzfahrern wurde zwar das Schwert gesegnet, zugleich aber auch Stab und Tasche, die alten Abzeichen der Pilgerschaft. Die Kreuzfahrer fühlten sich in erster Linie als Pilger (Christi milites peregrini - »Pilgerritter Christi«). Erst während des Kreuzzugs, erst im Heer selbst, hat sich offenbar die Wendung vom bewaffneten Pilger zum Glaubenskrieger des Kreuzzugs voll-

12

zogen. Als man 1096 auszog, geschah es, neben den eschatologischen Aspekten, ganz in der Tradition der Jerusalemwallfahrt.[14]

Der Erste Kreuzzug

Bei der Planung des Heerzuges dachte Papst Urban II. an ein Ritterheer, das unter kirchlicher Führung stehen sollte. Eine Beteiligung der Könige Europas war völlig ausgeschlossen. Noch in Clermont hatte Urban II. den Bischof Adhémar von Le Puy zu seinem Legaten und »Führer« des Kreuzzugs gemacht. Die militärische Führung sollte nach der päpstlichen Absicht wohl in den Händen des Grafen Raimund IV. von Toulouse liegen, mit dem Urban das Vorhaben schon vor Clermont besprochen hatte.

Alle Ritter, die schworen, auf den Kreuzzug zu ziehen, wurden in einer symbolischen Handlung in die Reihen der Kreuzfahrer aufgenommen. Alle Kreuzzugswilligen bekamen ein Stoffkreuz verliehen, das sie sich auf die Schulter hefteten. Schon in Clermont hatte Urban II. den ersten Freiwilligen dieses Kreuz angeheftet. Es blieb von nun an durch alle Kreuzzüge hindurch das Abzeichen aller Kreuzfahrer. Die Bedeutung des Symbols war zweifach. Einmal war es ein Zeichen des göttlichen Schutzes, ein Zeichen der Zugehörigkeit zu einer bestimmten Gemeinschaft, das Zeichen des Pilgers mit Waffenehre. Dann aber war es auch ein rechtliches Symbol, das weltliche Privilegien verbürgte. Die Kirche erließ weit gehende Bestimmungen zum Schutze der Kreuzfahrer, indem sie den Gottesfrieden und den Schutz der Kirche auf das Gut der Kreuzfahrer ausdehnte. In der Theorie lief es darauf hinaus, den Besitz der Kreuzfahrer für die Dauer ihrer Abwesenheit der Kontrolle der weltlichen Staatsgewalt zu entziehen und ihn von Abgaben zu befreien. Auch ein Schuldenmoratorium wurde den Kreuzfahrern im allgemeinen gewährt, zumal sie für die Reise oft erhebliche Auslagen hatten und Anleihen machen mussten. Wer das Gelübde, d.h. den Eid, das Kreuz zu nehmen, brach, galt als exkommuniziert.[15]

Urban scheint durch die explosive Wirkung des Kreuzzugsgedankens auch in nichtritterlichen Kreisen etwas nervös geworden zu sein. Es ist bekannt, dass er 1096 versuchte, Alte und Kranke vom Kreuzzug zurückzuhalten. Kleriker und Mönche sollten nur mit Erlaubnis ihrer Oberen ausziehen. Auch die Entgegennahme des Gelübdes und die Verlei-

---

[14]) H.E. Meyer, S. 33.
[15]) H.E. Mayer, S. 40/41.

hung des Stoffkreuzes durch den Klerus sollten wohl dazu dienen, unerwünschte Elemente ohne Kampfwert von der Kreuzfahrt abzuhalten.

Die Werbung für den Kreuzzug überließ der Papst den Bischöfen. Das erklärt auch die unterschiedliche Resonanz in Deutschland, Süditalien und England. Die Bischöfe aus diesen Regionen hatten überwiegend nicht am Konzil von Clermont teilgenommen, z.T. aus Gründen des Schismas. Dort erfuhren viele erst von den durchziehenden Kreuzfahrern von dem Aufruf Urbans. Es waren aber nicht nur die Bischöfe, die predigten. Neben einzelnen Äbten bemächtigten sich vor allem die Volksprediger, die der Armutsbewegung der unteren Schichten nahe standen, der Werbung. Robert d´Arbrissel (ca. 1055-1117), einer der geistigen Führer dieser Gruppe, die in völliger Armut die Nachfolge Christi anstrebte, predigte im Loiretal. Er wurde aber noch weit übertroffen von der Gestalt Peters des Eremiten.

Der Einsiedler stammte aus der Pikardie und hatte vermutlich schon vor dem Kreuzzug in Mittelfrankreich als Prediger gewirkt. Von nicht gerade anziehendem Äußeren, meist vor Schmutz starrend, ritt er auf einem Esel durch die Lande, entfaltete aber infolge seiner offenbar zündenden Beredsamkeit große Ausstrahlung. Ein ganzer Kranz von Legenden hat sich schon im Mittelalter um seine Person gebildet. Dabei wurde ihm der größte Einfluss beim Zustandekommen des Kreuzzugs zugewiesen. Nach dem heutigen Stand der Forschung kann davon allerdings keine Rede mehr sein.

Bei dem Ruf, der ihm voraus eilte, braucht man sich über seinen Erfolg nicht zu wundern. Er predigte zunächst in verschiedenen Regionen Frankreichs, um dann, schon auf dem Weg nach Osten, nach Köln und Trier zu ziehen, wo er im April 1096 eintraf. Eine große Masse niederen Volkes, unter der der Ritter Walter ohne Habe besonders bekannt wurde, schloss sich ihm an. Diese »Kreuzfahrer« waren schlecht bis gar nicht bewaffnet und es fehlte ihnen vor allem das Geld, das sie für die weite Reise benötigten. Die kirchlichen Behörden waren offenbar nicht imstande, ihren Aufbruch zu verhindern. Denn an ein solches Kreuzfahrerkontingent hatte man keinesfalls gedacht. Hier zeigt sich die gewaltige Kraft, die von der durch Urban geschaffenen Verbindung von Wallfahrt, Heidenkrieg und geistlichem Lohn ausging. Die Idee ergriff gleichmäßig alle Stände und ließ sich nicht nur auf das Rittertum beschränken. Auch das niedere Volk wollte auf die gebotenen Vorteile nicht verzichten.[16]

---

[16]) H.E. Mayer, S. 42.

Man hat diese Bewegungen »Bauernkreuzzüge« genannt. Richtiger wäre es aber von »Volkskreuzzügen« zu sprechen, da um 1100 ca. 97 % der Bevölkerung Bauern waren. Ihre Anführer kamen jedoch meist aus ritterlichen oder adeligen Kreisen. Diese Gruppen verfügten über ein hohes Maß an Spontanität, aber um keine wirkliche Organisations- und Führungsstruktur.

Diese vor dem Fürstenheer aufbrechenden Tausende von Kreuzzüglern waren es, die den Weg über den Rhein einschlugen und dort über die Juden herfielen. Von den anderen Kreuzzugsführern ist desgleichen nicht bekannt. Es gab eine anfängliche Bedrohung der Juden im *regnum Teutonicum* durch Gottfried von Bouillon, dem späteren ersten Kreuzfahrerherrscher in Jerusalem. Er soll erklärt haben: Er wolle »nicht anders seinen Weg ziehen, als indem er das Blut seines Erlösers an dem Blute Israels rächen und von jedem, der den Namen Jude trägt, weder Rest noch Flüchtling übrig lassen werde«. Hierüber berichtete Rabbi Kalonymos, der Vorsteher der Mainzer Gemeinde, umgehend per Boten dem in Italien weilenden Kaiser Heinrich IV. Heinrich habe daraufhin an alle hohen Herrschaftsträger im Reich appelliert, den Juden nicht nur kein Leid zu tun, sondern sie sogar zu schützen. Gottfried schwor zu seiner Rechtfertigung, es sei ihm nie in den Sinn gekommen, den Juden Böses zuzufügen. Es sollte sich für die Juden allerdings als nachteilig erweisen, dass der Kaiser als ihr oberster Schutzherr zu der Zeit, in der sie in größter Gefahr schwebten, nicht im Lande weilte. Heinrich IV. hielt sich von 1090 bis 1097 in Italien auf.[17]

Vom Rheinland aus zogen diese größtenteils nichtritterlichen Scharen in verschiedenen Zügen gegen Osten, über Ungarn und Bulgarien nach Byzanz (Konstantinopel). Als erster brach Walter ohne Habe auf, der hauptsächlich Franzosen mit sich führte, während Peter der Einsiedler sich in Köln noch der Kreuzzugspredigt widmete. Walters Abteilung gelangte ohne allzu große Schwierigkeiten nach Byzanz. Peter erreichte die byzantinische Hauptstadt etwa zwei Wochen später. Ihm hatten sich neben den Franzosen hauptsächlich Lothringer, Rheinländer und Süddeutsche angeschlossen. Unterwegs zeigte sich, dass der Eremit Peter weniger geeignet zur Führung ungeordneter Haufen war als der Ritter Walter. Nach disziplinlosem Verhalten der Kreuzfahrer kam es zu einzelnen Kämpfen mit byzantinischen Truppen, bei denen der Haufen Peters starke Verluste erlitt.

---

[17]) G. Mentgen, Die Juden des Mittelrhein-Mosel-Gebietes . S. 61.

Weitere Kontingente, die sich mehr aus Deutschen als aus Franzosen zusammengesetzt zu haben scheinen, standen unter der Führung eines Priesters Gottschalk, eines gewissen Volkmar, über dessen Herkunft nichts bekannt ist, sowie des Grafen Emicho von Leiningen. Sie gelangten allesamt überhaupt nicht bis Byzanz. Waren die Züge Walters ohne Habe und Peters des Eremiten noch in relativ ordentlichem Zustand unterwegs gewesen, so benahmen sich die Nachfolgenden als wilde Horden. Aufgrund ihrer Unordnung erreichten sie nicht einmal das byzantinische Staatsgebiet. Sie wurden schon vorher in Ungarn niedergemetzelt, nachdem sie sich dort hauptsächlich mit Raub und Plünderung beschäftigt hatten.

Sie hatten allerdings, schon bevor sie Deutschland verlassen konnten, eine traurige Berühmtheit erlangt. Von unverantwortlichen Predigern fanatisiert und von dem Reichtum der bedeutenden jüdischen Gemeinden längs des Rheins angelockt, ließen sie sich zu Judenpogromen hinreißen, wie sie das Mittelalter bisher nicht erlebt hatte. Besonders Graf Emicho und sein Haufen taten sich hierbei sehr unrühmlich hervor.

Kaiser Heinrich IV. hatte, wie es seit langem Tradition der deutschen Könige war, die Juden ausdrücklich in seinen Schutz genommen. Diese zahlten überdies an den Herzog von Niederlothringen noch viel Geld, um sich vor der Mordgier der Kreuzfahrer zu schützen. Aber es war vergebens. Rheinabwärts ziehend, also nicht auf der Route nach Osten, beraubten und mordeten die Kreuzfahrer nacheinander die Juden in Trier, Speyer, Worms, Mainz und Köln, andere fielen über die Juden in Neuss und Xanten her. Ein Teil der Bischöfe versuchte vergeblich, die Juden gegen die mordenden Horden in Schutz zu nehmen. Häufig war das Argument, die Juden seien als Feinde Christi strafwürdig, nur ein schlechter Vorwand, der die wirklichen Motive der Habgier nur unzureichend verhüllte. Es kann angenommen werden, dass viele Kreuzfahrer sich erst aus der jüdischen Beute die notwendigen Mittel für die Reise beschafften. Daneben muss aber auch bedacht werden, dass den Kreuzfahrern ein mobilisierendes Feindbild fehlte und man zunächst die Juden dafür einsetzte.[18]

---

[18]) H.E. Mayer, S. 43.

Die Zerstörung der jüdischen Gemeinden im Rheintal

Trier

In Trier kam es bereits im Frühjahr 1096 zu einer ersten Bedrohungen für die jüdische Gemeinschaft, als Peter der Eremit mit seiner Truppe in die Stadt einzog. Nach dem Erhalt reichlicher Geld- und Sachspenden durch die zum Teil recht vermögenden Juden konnte der Haufen zum Weiterziehen bewegt werden.

In der zweiten Maihälfte kamen abermals Kreuzfahrer nach Trier, die den ohnehin schon aufgestachelten Antijudaismus noch weiter anheizten und die Juden in Panik versetzten. In dieser Situation kam es zu ersten Selbsttötungen. Einige jüdische Frauen liefen hinaus auf die Moselbrücken und stürzten sich mit Steinen beschwert in den Fluss. Die übrigen ersuchten den Bischof um Schutz. Dieser nahm sie in seine Bischofspfalz auf. Als er vor den versammelten Kreuzfahrern in einer Predigt zugunsten der Juden sprach, nahm man ihm dies so übel, dass er sich eine Woche nicht mehr unter die Menge traute. Der nun um sein eigenes Leben fürchtende Bischof forderte von den Juden die Taufe. Diese weigerten sich und waren auch nicht bereit die Pfalz freiwillig zu verlassen. Um sie unter Druck zu setzen, ließ man einen von ihnen den Kreuzfahrern und damit dem Tod ausliefern. Zwei weitere Juden und ein jüdisches Mädchen schlossen sich freiwillig an, um den Märtyrertod zu erleiden.

Nach diesen Aktionen kam es dann zu einer Massentaufe, über die die *Gesta Treverorum* berichtet. Mordopfer gab es in Trier mithin nur wenige zu beklagen. Da die Mehrzahl der sich freiwillig Getöteten Frauen waren, gab die Menge vor allem den jüdischen Frauen die Schuld daran, dass die Juden dem Christenglauben »widerspenstig« blieben.

Während es in Trier nur einige wenige Opfer zu beklagen gab, kam es in den Gemeinden im Rheintal (Speyer, Worms und Mainz) zu grausigen Gemetzeln. Verschiedene Kreuzfahrergruppen teils gewaltigen Ausmaßes bedrohten die Gemeinden. Zu den größten dieser Gruppen gehörte die Gefolgschaft des Grafen Emicho von Leiningen.

Speyer

Die Gemeinde in Speyer hatte, wie man so sagt, noch Glück im Unglück. Ihre Mitglieder konnten durch das energische Eingreifen des Ortsbischofs Johann zum überwiegenden Teil den Sturm der Kreuzfahrer von 1096 überstehen. Hebräischen Quellen zufolge hatten die Kreuzfahrer zusammen mit Bürgern aus der Stadt die Gemeinde am Schabbat in ihrer

Synagoge überfallen wollen. Die Juden hatten aber rechtzeitig von diesen Plänen erfahren, so dass sie ihre Gebete kürzer und schneller als sonst üblich verrichteten. Ihre christlichen Widersacher erschlugen aus Zorn über den misslungenen Anschlag zehn oder elf Juden, derer sie habhaft werden konnten. Der Bischof ließ die Morde hart bestrafen und die Juden in Sicherheit bringen.

Worms

Die Nachricht von den Geschehnissen in Speyer und dem beherzten Eingreifen des dortigen Bischofs gelangte auch zu den Wormser Juden. Sie baten deshalb ebenfalls den Ortsbischof um Schutz. Dessen Stellung als Stadtherr war jedoch nicht so stark wie die seines Speyer Amtsbruders. Dennoch bemühte er sich um den Schutz der jüdischen Stadtbewohner und gewährte ihnen, wie es in den Quellen heißt, in »seinen Schlössern« Unterschlupf.

Mitte Mai hielt sich bereits eine große Zahl von Kreuzzüglern in der Stadt auf. Um die Stimmung gegen die Juden beim Stadtvolk und den Kreuzfahrern anzuheizen, griffen einige der christlichen Bewohner zu einer List. Sie gruben auf dem Friedhof einen Leichnam aus und behaupteten, die Juden hätten den Mann in Wasser gekocht und mit dem Sud die Brunnen verseucht.[19]

Am 18. Mai fielen die Scharen der Kreuzfahrer und Stadtbewohner über die Juden her, die noch vielfach in ihren Häusern verharrten, und metzelten sie gnadenlos nieder. Nur wer sich taufen ließ, blieb verschont. Einige Kinder wurden entführt, um sie zu Christen zu machen. Die Leichen der ermordeten Juden schleifte man nackt durch die Straßen und ließ sie dort liegen. Die Zwangsgetauften sorgen für ein Begräbnis ihrer erschlagenen jüdischen Brüder und Schwestern. Ein größerer Teil der Wormser Juden hielt sich zu diesem Zeitpunkt noch in der Bischofspfalz auf. Die genauen Ereignisse in der Pfalz lassen sich heute nicht mehr rekonstruieren. Nach den Überlieferungen eines christlichen Chronisten habe der Bischof die Juden vor die Wahl »Tod oder Taufe« gestellt. Die Juden hätten sich, Bedenkzeit erbittend, in das bischöfliche Schlafgemach zurückgezogen, um dort Selbstmord zu begehen. Hierbei dürfte es sich allerdings nur um wenige Personen gehandelt haben. Auch ist nicht sicher, ob sich der Bischof während der Belagerung seiner Residenz noch in der

---

[19]) Hier handelt es sich um den ersten Fall der antijüdischen Brunnenvergiftungsverleumdung, die in späteren Zeiten des Öfteren aufleben sollte, so vor allem 1348/49 zur Zeit der Pest.

Stadt aufhielt. Sicher ist jedoch, dass es in der Folge, wahrscheinlich am 25. Mai, zu einem massiven Angriff auf die Pfalz kam. Zwischenzeitlich hatten die Kreuzfahrer massiven Zulauf aus der Umgebung erhalten.

Die Wormser Juden lieferten den Angreifern einen harten, aber dennoch vergeblichen Kampf. Als sie die Ausweglosigkeit ihrer Situation erkannten, war es ihre größte Sorge, die Kinder vor einer Taufe zu bewahren. Nach einem Segen über ihre Häupter wurden sie getötet. Die übrigen starben »durch die Hand Gottes«, das dürfte meinen, sie begingen Selbstmord. Manche von ihnen wurden durch die in die Pfalz eindringenden Kreuzfahrer getötet, nachdem sie zuvor heftige Gegenwehr geleistet hatten. Von einem jungen Mann wird berichtet, er habe vorgegeben, konvertieren zu wollen und sich zur Taufe in das Gemach des Bischofs bringen lassen. Dort habe er dann dessen Neffen und zwei weitere Christen erstochen, bevor man ihn selbst erschlug.

Die Quellen berichten auch von einer Jüdin Minna, die mit hohen und höchsten Herren des Landes persönlich bekannt war und auch unter den Christen großes Ansehen genoss. Sie hielt sich, wahrscheinlich mit christlicher Hilfe, in einem Haus vor der Stadt verborgen. Doch ihr Versteck wurde verraten. Als man sie dort auffand, baten viele Wormser sie inständig, sich doch taufen zu lassen. Sie zog es jedoch vor, als Jüdin den Märtyrertod zu sterben.

Außer ihr sind die Namen von etwa 400 Wormser Juden bekannt, die dem Pogrom zum Opfer fielen. Insgesamt schätzt man die Zahl der von den Kreuzfahrern niedergemetzelten Menschen auf 800.

Mainz

Die meisten Opfer musste die jüdische Gemeinde von Mainz erbringen. Verantwortlich für deren Tod ist der Graf Emicho von Leiningen. Doch schon vor seinem Eintreffen gab es massive Bedrohungen durch andere Kreuzfahrergruppen. Mainzer Bürger widersetzten sich jedoch den geplanten Attacken gegen die Juden.

Da sie vom Schicksal ihrer Glaubensgenossen aus Speyer und Worms erfahren hatten, wandten sich die Juden ebenfalls an den örtlichen Bischof. Verbunden mit ihrem Hilfeersuchen überbrachten sie ihm 300 Silberstücke. Bischof Ruthard versprach ihnen, auf eine geplante Reise zu verzichten, sie in der Stadt bei sich aufzunehmen und unter Einsatz seines Lebens zu schützen.

Am 25. Mai, als in Worms die im Bischofspalast verbliebenen Juden den Tod fanden, traf Graf Emicho mit seinem großen Heer vor Mainz ein. Zwei Tage blieben ihm die Tore verschlossen. In dieser Zeit brachten sich die Juden in den Privatgemächern des Bischofs, wie sie glaubten und hofften, in Sicherheit. Zudem versuchte man Graf Emicho durch sieben Pfund Gold zu beschwichtigen - vergeblich. Am 27. Mai gegen Mittag zog die gewaltige Menge Emichos in die Stadt ein und wollte unverzüglich »das Blut des Gekreuzigten rächen«. Die jüdischen Männer in der Bischofspfalz bewaffneten sich, legten Panzer an und versuchten das Tor gegen die anstürmende Menge zu verteidigen. Der Erzbischof und viele seiner Untergebenen suchten nun ihr Heil in der Flucht. Wegen seines Eintretens für die Juden hatte der Bischof zwischenzeitlich Morddrohungen erhalten.

Gegen die fanatisierten Kämpfer Emichos hatten die jüdischen Verteidiger keine Chance. Viele von ihnen wurden von den vordringenden Kreuzfahrern niedergemacht. Die übrigen Verteidiger zogen sich in das Gebäude zurück, wo sie sich zur gegenseitigen Schächtung als Zeugnis des Kiddusch ha-Schem (zur »Heiligung seines Namens«) entschlossen. Andere fromme Juden hatten sich die Gebetsmäntel umgelegt und erwarteten im Hof den Tod durch die Schwerter, Steine und Pfeile der Feinde. Den Frauen, Kindern und Alten im Gebäude blieb noch eine etwas längere Frist zum Vollzug des Kiddusch ha-Schem. Als die Angreifer die Räume erreichten, fanden sie nur noch Tote vor. Diese plünderten sie allerdings einschließlich ihrer Kleider aus. Eine andere Gruppe jüdischer Frauen lieferte sich mit den Kreuzfahrern durch die Fenster heftige Steinwurfschlachten. Unterdessen hatte sich in der Stadtburg eine weitere Gruppe von Juden verschanzt. Auch diese wehrten sich heftig, sie steinigten sogar einen Christen aus Wut über die Vernichtung einer ihrer Torarollen. Doch die Menge deckte kurzerhand das Dach des Gebäudes ab und tötete die Eingeschlossenen durch Geschosse von oben.

In ihrem Blutrausch spürten die Kreuzfahrer nach und nach alle sich in der Stadt versteckt haltende Juden auf und töteten sie. Vor die furchtbare Alternative »Tod oder Taufe« gestellt:, entschieden sich die meisten für ihren Glauben. Zuletzt blieben noch 53 Juden am Leben, die sich in ein Geheimgemach des Bischofs hatten flüchten können. In einer nächtlichen Aktion ließ der Bischof sie nach Rüdesheim evakuieren. Die Bevölkerung erfuhr allerdings davon und unter Druck gesetzt, lieferte der Bischof, entgegen seinem früheren Versprechen, die Flüchtlinge an die Kreuzfahrer aus. Alles in allem sollen 1014 Angehörige der Mainzer jüdischen Gemeinde ermordet worden sein.

Fazit

Neben Speyer, Worms, Mainz und Trier gab es Pogrome in Metz, Köln, Neuß und Xanten - und zwar exakt in dieser Reihenfolge und Himmelsrichtung, die keineswegs nach Osten und damit nach Jerusalem weist. Innerhalb von zwei Monate (Mai und Juni), bevor das reguläre Kreuzritterheer aufbricht, sind alle wichtigen Judengemeinden des rheinisch-fränkisch-lothringischen Raumes nahezu vernichtet. Hinzukommen schließlich auf dem Weg der Kreuzfahrerhaufen nach Ungarn Regensburg und Prag. In Regensburg rettet eine eilig erzwungene Taufe in der Donau die Juden.

Zahlen der zu Tode gekommenen Juden sind aus folgenden Städten bekannt: Speyer 11, Worms 800 (140 Familien), Mainz 1014, Metz 22, Köln 150, zuzüglich einer erheblich größeren, aber nicht genau zu bestimmenden Zahl der vom Erzbischof vergeblich evakuierten Kölnischen Juden; in Neuß gab etwa 200 Tote. Nach vorsichtigen Schätzungen beträgt die Zahl der Opfer von 1096 insgesamt 4000 bis 5000.[20]

Die Verhaltensmuster bei den Geschehnissen in den vier Städten im Rheintal weisen mehrere Übereinstimmungen auf. Die örtlichen Bischöfe waren nicht frei von Versagen, aber im Rahmen ihrer Möglichkeiten doch bemüht, Verbrechen an den Juden zu verhindern. Die Position der Bischöfe in den jeweiligen Kathedralstädten war im ganzen recht schwach. Sie mussten daher, außer in Speyer, vor einer zu allem entschlossenen Übermacht kapitulieren. Unter den Judenmördern sind nicht ausschließlich Kreuzfahrer, sondern auch am Kreuzzug nicht beteiligte Stadt- und Landbewohner. Andererseits hätten sich nicht nur die Bischöfe und Stadtherren gewünscht, die Judentötungen und Zwangstaufen verhindern zu können, sondern auch viele der mit ihren jüdischen Nachbarn durchaus gut bekannten Stadtbewohner.

Am Mainzer Pogrom sind folgende Züge typisch, die auch für die übrigen Orte im Rheintal gelten: die Judengemeinde ist städtisch und bedeutend, sie ist angesiedelt in einer Bischofsstadt oder bischöflichen Stadt, sie vertraut auf die Herrschaftsträger, den Schutzbrief des Kaisers bzw. die bischöflichen Schutzherren; der Schutz wird gewährt, zumeist auch in der Bischofspfalz selbst, aber er versagt angesichts der fanatisierten Massen; die Judenschützer geraten selbst in Lebensgefahr und raten den Ju-

---

[20]) Dieter Mertens, Christen und Juden zur Zeit des ersten Kreuzzuges. In: Bernd Martin u. Ernst Schulin (Hrsg.), Die Juden als Minderheit in der Geschichte. München, 3. Aufl. 1985. S. 46-67. Hier S. 48/49.

den die Taufe an. Das Verhalten der Stadtbewohner divergiert in fataler Weise: der Stadtherr, seine Ministerialen und große Kaufleute stehen gegen andere städtische Schichten, die sich mit den stadtfremden Scharen gegen die Juden und den Stadtherren verbinden. Die Juden sind Waffen geübt und sie kämpfen; sie töten in auswegloser Lage ihre Kinder (wie Gott von Abraham die Opferung Isaaks verlangte) und sie töteten sich selbst zur »Heiligung Seines Namens«, um der erzwungenen »Entehrung seines Namens« durch die christliche Taufe zu entgehen.[21]

Die Juden sahen ihrerseits die Kreuzzugsverfolgungen als eine Periode schwerer Prüfungen an, in der sie besonders aufgefordert waren, mit Heldenmut ihre Glaubenstärke unter Beweis zu stellen und dem Taufbegehren der Christen zu widerstehen. Die Überzeugung fand ihren höchsten Ausdruck in den massenhaften Selbstmordaktionen der Juden und hier vor allem der jüdischen Frauen, was seinen Eindruck auf die Christen nicht verfehlte. Dennoch gab es trotz allem einige Juden, die dem großen Druck nachgaben und ohne große Konversionsabsicht sich taufen ließen. Kaiser Heinrich IV. erlaubte ihnen später, zu ihrem ursprünglichen Glauben zurückzukehren.[22]

Der »Kiddusch ha-Schem«

Angesichts der sie bedrängenden Kreuzfahrer begingen viele Juden Selbstmord, »aus Ehrfurcht vor dem Weltenkönig«. Sie lehnten die Taufe ab, da sie sie als Verleugnung des eigentlichen Glaubens und damit Gottes auffassten. Diese fromme Selbsthingabe wird in den hebräischen Kreuzzugsberichten als »Kiddusch ha-Schem« (Heiligung des Gottesnamen) bezeichnet. Für diese in der jüdischen Geschichte einzigartigen Form des Martyriums gibt es keinen eigenen Begriff.

Das Phänomen des Kiddusch ha-Schem in mehreren Orten 1096 und auch vereinzelt bei späteren Verfolgungen kann auch von jüdischen Historikern und Theologen nicht restlos geklärt werden. Denn der Suizid gilt bei den Juden wie bei den Christen grundsätzlich als eine sündhafte Tat, die Schande über den Selbstmörder bringt. Es gilt als anmaßend vor Gott, eigenmächtig über das Ende seines Lebens zu entscheiden. Die

---

[21]) D. Mertens, Christen und Juden. S. 50.
[22]) G. Mentgen, Die Juden des Mittelrhein-Mosel-Gebietes . S. 70/71.

Juden begriffen sich aber gleichsam als geheiligtes Inventar des Tempels, das unter allen Umständen vor Profanierung zu schützen war.[23]

Die Suche nach Vorbildern für dieses außergewöhnliche Handeln der Verfolgten hat bisher keine eindeutige Antwort hervorgebracht. Vielen drängen sich zunächst die Ereignisse von Massada auf. Als die berühmte herodianische Festung in der Nähe des Toten Meeres nach längerer Belagerung durch die Römer im Frühjahr 74 u.Z. eingenommen werden konnte, töteten sich die Zeloten gegenseitig. Sie wollten dem schändlichen Schicksal, von den Römern in die Sklaverei verkauft zu werden, entgehen. Man kann durchaus annehmen, dass den Juden in Deutschland 1096 die Ereignisse von Massada bekannt waren (aus dem Buch von Josippon, im 10. Jahrhundert in Süditalien erschienen und auf Flavius Josephus basierend). Allerdings hat sich in Massada, den Berichten zufolge, nur ein Mann selbst getötet. Es waren zehn Männer ausgelost worden, die die anderen zu töten hatten. Diese zehn töteten sich gegenseitig. Nur der letzte brachte sich selbst um. In den hebräischen Quellen zu den Kreuzzugsereignissen heißt es an einer Stelle allerdings: Jene Juden hätten getan, »was noch kein Mensch getan hätte«. Möglicherweise hat auch die Geschichte von den Zehn Märtyrern - unter ihnen der berühmte Rabbi Akiba - aus der Zeit der Verfolgung unter Kaiser Hadrian, Einfluss ausgeübt.

Festgestellt werden kann, dass es nach den Kreuzzugsverfolgungen, von Aktionen einzelner Personen abgesehen, nicht wieder derartig kollektive Selbsttötungen unter den Juden gegeben hat.

Die Pijutim

Aus der Zeit nach den Verfolgungen von 1096 und 1146/47 sind vier hebräische Chroniken überliefert, die recht bald nach den Kreuzzügen und teilweise nach Augenzeugenberichten verfasst wurden und die die jüdischen Reaktionen auf die Geschehnisse bezeugen. Neben diesen Textzeugen liegen jüdische Äußerungen zu den Kreuzzügen und den Judenverfolgungen im Rheinland und in Nordfrankreich in einer Reihe von poetischen Texten vor. Diese Pijutim (liturgische Dichtung für den synagogalen Gebrauch) haben seit dem Mittelalter das jüdische Gedenken an die Märtyrer von Worms, Mainz und Köln nachhaltig beeinflusst. In vielen aschkenasischen Gemeinden haben sie bis heute einen festen Platz

---

[23]) G. Mentgen, Die Juden des Mittelrhein-Mosel-Gebietes . S. 65.

im Gottesdienst an Jom Kippur und an Tischa be-Av; einige andere erinnern in der Woche vor Schawuot an die Ereignisse von 1096. Ihre Verbreitung in aschkenasischen Gemeinden außerhalb des Rheinlandes und die ungebrochene und lebendige Tradierung führten dazu, dass das Jahr 1096 und die Schrecken der Kreuzzüge aschkenasischen Juden seit dem 12. Jahrhundert ständig bewusst blieben. Die Erinnerung an diese Ereignisse ist als historisches Trauma nur mit den Folgen der Vertreibung der Juden aus Spanien im Jahre 1492 zu vergleichen.

Für die Geistes- und Mentalitätsgeschichte aschkenasischer Juden im 12. und 13. Jahrhundert bietet diese reichhaltige Literatur, die sich im Grenzgebiet zwischen thematisch-literarischen Traditionen und persönlicher Kreativität bewegt, reiches Material, das Licht auf die Folgen der Kreuzzugsverfolgungen für das geistige Leben und Selbstverständnis der aschkenasischen Juden werfen kann.

Im Mittelpunkt des Pijuts steht häufig der *Kiddusch haSchem*, die »Heiligung des göttlichen Namens«. Unter diesem Begriff wird im Judentum im allgemeinen das öffentliche Bekennen des Einen Gottes verstanden, als Sonderform dieses öffentlichen Bekennens auch das Martyrium. Ein Teil der Pijutim stellt die Selbsttötung in den Vordergrund, ein anderer das Martyrium. Viele der Pijutim, die die Selbsttötung in den Vordergrund rücken, sind dem Gedenken der Mainzer Gemeinde gewidmet. In ihnen steht die Freiwilligkeit des Opfers im Vordergrund, die angreifenden Kreuzfahrer werden - wie auch die Bedrohung des Glaubens - meist nur kurz genannt, weil die Beschreibung des Selbstopfers und die Parallelen zu liturgischen Handlungen den größten Raum in diesen Dichtungen einnehmen.

Die Hintergründe der Judenpogrome
Eschatologische Vorzeichen zu Beginn des Ersten Kreuzzugs

Das Denken des mittelalterlichen christlichen Menschen war stark von eschatologischen Vorstellungen geprägt. Er sah sich und die Welt am Ende der Zeiten angekommen. Eine ganze Reihe von astronomisch-kalendarischen Ereignissen ließ den Glauben aufkommen, das Ende der Welt stünde unmittelbar bevor.

Im 11. Jahrhundert gab es sowohl auf jüdischer wie auch auf christlicher Seite diese Endzeiterwartungen. Jüdische messianische Erwartungen richteten sich auf das Jahr 1022, dann auf 1068 und am intensivsten auf 1096. Die Juden waren allerdings in doppelter Weise betroffen, als Subjekt und als Objekt. Nach christlicher Vorstellung war am Ende der Zeiten die Bekehrung der Juden zu erwarten. Nach der Lehre des Augustinus sollten die Juden inmitten des christlichen Europa zur Erinnerung an die Ursache der Zerstreuung des auserwählten Volkes und somit der Wahrheit des Neuen Testaments geduldet werden. Dieser Erwartung der vermeintlich angebrochenen Endzeit entsprechend erwarteten und forderten die Kreuzfahrer daher von den Judengemeinden, auf die sie trafen, die Taufe.

Zwar hatte die Amtskirche apokalyptische Naherwartungen stets bekämpft, doch die davon erregten Scharen haben 1096 mit der Alternative »Taufe oder Tod« geglaubt, ein endzeitliches Gericht an den Juden vollziehen zu dürfen. Die Kreuzzugspropaganda hat letztendlich die christlich-theologische Begründung für die Existenzberechtigung der jüdischen Minderheit außer Kraft gesetzt.

Auch auf jüdischer Seite gab es nicht wenige, die, ähnlich wie bei den Christen, endzeitliche Vorstellungen hatten. Gerade für das Jahr 1096 rechnete man mit dem Kommen des Messias. Messianische Erwartungen hatte es in früheren Zeiten immer wieder gegeben. Auch für die Jahre 1022 und 1068 gab es solche Spekulationen. Im Jahre 1096 zählte man den 256. Mond-Zyklus seit Erschaffung der Welt. Dieser 256. Zyklus, der so genannte *Machasor* (Zyklus von jeweils 19 Jahren, nach dem die Schaltjahre kalkuliert werden) begann im Jahre 1085. Die Zahl 256 wird in Hebräisch durch die Buchstaben רנו (RNV) wiedergegeben. Als Wort gelesen bedeutet es »jubelt!«. Im Zusammenhang mit Interpretationen von Jer. 31,6, der wichtigsten Bibelstelle, die diese Verbalform beinhaltet und sie in den Kontext der Erlösung Israels stellt, wurden nicht nur im Rheinland Spekulationen laut, ob nicht in diesem Zyklus (1085-1104) die Erlösung zu erwarten sei.[24]

Soziale und politische Spannungen

Ein Zusammenhang zwischen der sozialen und politischen Situation mit der Kreuzzugsbewegung war den Zeitgenossen durchaus bewusst. Die Berichte über Urbans II. Clermonter Rede lassen den Kreuzzug geradezu

---

[24]) Elisabeth Hollender, Zwei hebräische Klagedichtungen aus der Zeit nach dem Zweiten Kreuzzug. In: Aschkenas. Zeitschrift für Geschichte und Kultur der Juden, 6. Jg., H. 1, 1996. S. 11-54. Hier S. 24/25.

als ein geeignetes Mittel gegen krisenhafte Zustände der Gesellschaft erscheinen. Der ritterliche Kreuzzug in das Gelobte Land wird als Ausweg aus Überbevölkerung und Nahrungsknappheit, Verteilungskämpfen, Räubereien und unergiebigem Solddienst vorgestellt. Auch die Emigration der nichtritterlichen Scharen ist vor dem breiten Hintergrund einer von raschem Bevölkerungswachstum in Gang gehaltenen Mobilität zu sehen. Sie ist seit 1050 spürbar intensiver und zeigt sich u.a. in dem schnellen Anwachsen der Städte, der Veränderung ihrer Strukturen und dem Ringen um kommunale Selbständigkeit. Die Bischofsstädte am Rhein füllen und dehnen sich. Die 1095/96 von vagen Hoffnungen und meist auch von akuter Not zum Aufbruch nach Jerusalem veranlassten Scharen hatten in der Regel nichts mehr zu verlieren. Sie konnten nur deshalb in den Städten die Oberhand gewinnen, weil dort die sozialen Differenzen sich mit politischen und kirchlichen verknüpften. Ohne das Zusammengehen eines erheblichen Teils der Städter mit den Kreuzfahrermassen gegen die zumeist der kaiserlichen Seite zugehörigen Stadtherren hätten die Pogrome nicht das dramatische Ausmaß annehmen können. Auch hier werden die Juden wieder Opfer einer Frontstellung, die sie weder unmittelbar noch alleine betraf.[25]

Die Juden als Feinde der Christen

Neben theologischen Motiven gab es selbstverständlich auch materialistische (für die christlichen Chronisten unmoralische) Motive. So wertet bereits Adalbert von Aachen den Untergang der Scharen Emichos in Ungarn mit Genugtuung. Wegen Hurerei und Habsucht habe Gott sie vernichtet. Aus Geldgier hätten sie die Juden vor die Alternative »Tod oder Taufe« gestellt. Offen bleibt bei Adalbert aber, warum nur die reichen Juden der Habgier zum Opfer fielen und nicht die wohlhabenden Christen. Wieso töteten sie die Juden und gaben sich nicht mit deren Habe zufrieden?[26]

Schon vor dem Kreuzzug gab es die Jerusalem-Wallfahrt und den Heidenkrieg, verbunden mit geistlichen Versprechen. Auch bei einigen Ausschreitungen gegen christliche Einrichtungen in Jerusalem bezichtigte man die Juden der Urheberschaft. Als 1010 der schiitische Kalif al-Hakim die Grabeskirche in Jerusalem in seinem Fanatismus zerstörte, sollte er dies ausgerechnet auf Anstiftung der Juden aus Orléans gemacht ha-

---

[25]) D. Mertens, Christen und Juden. S. 58.
[26]) D. Mertens, Christen und Juden. S. 51.

ben. Die Ausschreitungen konnten durch Papst Johannes XVIII. gebremst werden. Auch beim ersten Heidenfeldzug der Christen 1063/64 in Spanien, in seiner Zielsetzung gegen die Muslime gerichtet, machten sich die christlichen Streiter zunächst über die Juden her. Auch hier wieder gebot der Papst, Alexander II., Einhalt. Die Begründung des Papstes, die Juden nicht anzugreifen, lautete: Die Sarazenen, die die Christen angriffen, würden von diesen zurecht bekämpft. Die Juden verhielten sich den Christen gegenüber friedlich. Zudem sei es Sünde und grobes Unwissen, wenn es nicht überhaupt aus Habgier geschehe, die Juden töten zu wollen, da Gott sie für ihre endzeitliche Bekehrung am Jüngsten Tag vorherbestimmt habe. Alexander II. ist der erste, der die Bereicherung der Juden als Motiv für die Verfolgung nennt.

1010 und 1063 trat der Papst noch für die Juden ein, 1096 nicht mehr. Warum? Im Gegensatz zu den vorausgegangenen Ereignissen, war der erste Kreuzzug vom Papst selbst initiiert. Es handelte sich um eine Angelegenheit der ganzen lateinischen Christenheit - der Kreuzzug wurde als eine weltweite Auseinandersetzung aufgefasst. Papst Urban hatte es in Clermont ganz deutlich gesagt: Es gehe um mehr als um den Zugang zum Heiligen Grab. Vielmehr sei der ganze Erdkreis ungerecht verteilt.

Eine damals verbreitete Weltkarte zeigte die runde Erdscheibe mit einer T-förmigen Unterteilung in einen Halbkreis oben (Asien) und zwei Viertel darunter (Europa und Afrika). Papst Urban: »*Von seinen drei Teilen beanspruchen die Türken Asien als ihre angestammte Heimat ... Auch Afrika, der zweite Erdteil, wird seit mehr als 200 Jahren von ihnen (unseren Feinden) mit Waffengewalt in Besitz gehalten ... Als dritter Erdteil bleibt Europa übrig, und wie viel davon bewohnen denn wir Christen? Diesen kleinen Rest der Welt, der uns gehört, bedrängen kriegerische Türken und Sarazenen. Seit 300 Jahren halten sie Spanien und die balearischen Inseln besetzt und hoffen, auch alles übrige verschlingen zu können.*« (so lässt Wilhelm von Malmesbury - gest. 1143 - Urban II. in einer Chronik sprechen).

Es ist unübersehbar: die Kreuzzugswerbung zielte auf eine Scheidung der Welt in Christen und Feinde der Christen. Es gab auf christlicher Seite die latente Furcht vor einem Bündnis der Nichtchristen in Ost und West gegen die Christen. Die Kreuzzugspropaganda arbeitete daher in hohem Maße mit Emotionen, einerseits mit Angst- und Rachegefühlen, andererseits mit großen religiösen Hoffnungen. Bei der Propagierung des Feindbildes schritt man von den Türken als die aktuellen Feinde der oströmischen Christenheit zu den Muslimen insgesamt (Türken und Araber), von dort zu den Feinden der Christen überhaupt. Unter die letzteren fielen auch die Juden; sie vor allem, weil sie vor all den anderen Feinden den Kreuzfahrern zu Gesicht kamen. Die kriegerische Heilig-Grab-Propaganda stellte den Gedanken an den Tod Christi in den Mittelpunkt und lenkte damit die Aggression nicht zufällig auf die Juden als die »Gottesmörder«.

Die Massaker, die 1096 zu Beginn des ersten Kreuzzugs in Nordfrankreich und im Deutschen Reich von Christen an Juden verübt wurden, bedeuten nach einhelliger Auffassung der Historiker eine einschneidende Zäsur in der Geschichte der Juden und des Verhältnisses der Christen zu ihnen. Es war eine Wende zum Schlechteren. Es hatte jedoch im Vorfeld keinerlei Anzeichen gegeben: keine Wandlung der offiziellen kirchlichen Beurteilung des Judentums und auch nicht in der Einstellung der Juden zu den Christen, es hatte auch keine Veränderung der Rechtsstellung oder der ökonomischen Tätigkeiten gegeben. Nur ganz allmählich fanden die Geschehnisse von 1096 Eingang in die Lehre bedeutender Theologen und in das Recht.

Die Juden selbst erfuhren diese Pogrome denn auch wie einen Blitz aus einem zwar nicht heiteren, aber auch nicht verdüstert erscheinenden Himmel. Zunächst erschienen ihnen die Ereignisse noch singulär. Als sich jedoch 1146/47, zu Beginn des Zweiten Kreuzzugs, die Verfolgungen wiederholten - zwar mit weniger Opfern unter den Juden, aber mit einer breiteren Beteiligung durch die Christen -, begriffen die Juden allmählich, dass sie 1096 nicht von einer einmaligen Katastrophe getroffen worden waren, sondern dass sie eine umfassende und anhaltende Verschlechterung ihrer Lebensbedingungen erfuhren. Die ersten Ritualmordbeschuldigungen 1144 in Norwich und 1171 in Blois und die Vertreibung aus der französischen Krondomäne 1180 bestätigten nur noch die schlechte Situation, in der sich die Juden nunmehr befanden.[27] Diese Verleumdungen hatte es vorher nicht gegeben. Sie entstanden als Reaktion und Versuch, die Gewalt der Kreuzzüge im nachhinein zu rechtfertigen.

Die Bischöfe versuchten die Juden gegen die Pogrome zu schützen. Dieses gelang ihnen allerdings nur dort wirksam, wo ihre weltliche Macht unangefochten war. Um so wichtiger war der Schutz durch den König bzw. den Kaiser. In der Tat haben Könige und Kaiser die Juden vor Übergriffen zu schützen gesucht. Aus der Gefährdung der Juden ergab sich eine erhöhte Schutzbedürftigkeit. Damit bahnte sich eine Sonder-

---

[27]) D. Mertens, Christen und Juden. S. 46.

stellung an, die die Juden unter ein Schutz- und Sonderrecht stellte. Anders gesagt, das Bedürfnis nach einem Schutz für die Juden führte zu einem Sonderrecht, das Sonderrecht aber bestätigte die Außenseiterstellung der Juden. Der Kaiser bzw. der König nahm die Juden in seinen Schutz, erhielt dafür aber eine besondere Abgabe, das Judenregal. Die Abgaben, die sie zu zahlen hatten, waren für den König eine wertvolle Einnahmequelle. Er konnte sie, wenn er in Geldnöten war, verpfänden. Tatsächlich sind die Juden oftmals seitens des Königs an die Städte verpfändet worden. Für die Juden als die Schutzbefohlenen wird spätestens seit Kaiser Friedrich II., d.h. seit dem 13. Jahrhundert, der Ausdruck *servi cameræ* - Kammerknechte - verwendet, um die Minderstellung der Juden gegenüber anderen Bevölkerungsgruppen zu betonen.[28]

Über die akute Not, über Verfolgung und Tod hinaus hat somit die Kreuzzugszeit für die Juden als nachhaltige Folge eine Verschlechterung ihrer sozialen und rechtlichen Stellung gebracht. Die Kreuzzüge offenbarten den christlichen Massen auch die Verwundbarkeit der jüdischen Gemeinschaft, was sie zuvor nicht gesehen hatten. Jetzt merkten sie, dass diese wohlhabende Gruppe, die scheinbar unter dem Schutz machtvoller Fürsten stand, in Wirklichkeit von jedem Mob straflos angegriffen werden konnte. Die schwachen Kräfte von Recht und Ordnung waren gegenüber solcher Volksgewalt hilflos. Nachdem dies einmal verstanden war, hörten die Pogrome für viele Jahrhunderte nicht auf.[29]

»[...] Jetzt, mein lieber Bruder Jakob, weißt Du alles. Schreibe diese Berichte ab, damit auch andere es erfahren und niemand es vergisst. Denn wie Rabbi Akiba oder unser Urahn, Nomos der Rothaarige, haben die Märtyrer von Worms und Mainz sich geweigert, ihren Glauben preiszugeben. Ich glaube, mein Bruder, künftige Generationen werden sich wieder auf diese uralte Form des Widerstandes besinnen. Gott gebe, dass ihnen solche Prüfungen erspart bleiben!

Als ich von diesen schrecklichen Dingen las, habe ich mich gefragt, wie ich mich selbst in einer ähnlichen Situation verhalten hätte. Ich fand keine Antwort. Hätte ich meine Tochter und meine Söhne opfern können? Aber weiß man, wie viel Kraft uns der Herr der Welten in der Stunde verleiht, die er uns bestimmt hat?

Es wird bald Morgen, meine Finger sind steif und meine Augen tränen. Ich höre Stimmen aus dem Schlafzimmer: Meine Söhne stehen auf, denn das Leben geht weiter. Heute wollen wir in Salomons Weinberg weiterarbeiten. Es ist schwer zu beschrei-

---

[28]) W.P. Eckert, Antisemitismus. S. 80.
[29]) Rosemary Ruether, Nächstenliebe und Brudermord. Die theologischen Wurzeln des Antisemitismus. München 1978. S. 192.

ben, wie sehr uns das tröstet. Gestern haben wir uns an jene Verse aus den Klagelie-
dern des Jeremias erinnert: ›Aber Du, Herr, der Du ewiglich bleibest und Dein
Thron für und für, warum willst Du unser so gar vergessen und uns lebenslang sogar
verlassen? Bringe uns, Herr, wieder zu Dir, dass wir wieder heimkommen; erneuere
unsere Tage wie vor alters!‹

Ich bete, mein teurer Bruder, Du und ich, wir mögen jene Tage wie vor alters noch ein-
mal erleben. Umarme die Deinen für Deinen Bruder, Abraham, Schreiber in
Troyes.«[30]

Literatur:

Willehad Paul Eckert, Antisemitismus im Mittelalter. Angst - Verteufelung -Habgier: »Das Gift, das die Juden tötete.« In: Günther Bernd Ginzel (Hrsg.), Antisemitismus. Erscheinungsformen der Judenfeindschaft
gestern und heute. Bielefeld 1991. S. 71-99; hier S. 77

Marek Halter, Abraham. Wege der Erinnerung. Heidelberg 1984.

Rudolf Hiestand, Der Erste Kreuzzug in der Welt des ausgehenden 11.
Jahrhunderts. In: Der Erste Kreuzzug und seine Folgen. Die Verfolgung
von Juden im Rheinland. Düsseldorf 1996. S. 1-36.

Elisabeth Hollender, Zwei hebräische Klagedichtungen aus der Zeit nach
dem Zweiten Kreuzzug. In: Aschkenas. Zeitschrift für Geschichte und
Kultur der Juden, 6. Jg., H. 1, 1996. S. 11-54.

Hans Eberhard Mayer, Geschichte der Kreuzzüge, Stuttgart, 8. Aufl.
1995.

Gerd Mentgen, Die Juden des Mittelrhein-Mosel-Gebietes im Hochmit-
telalter unter besonderer Berücksichtigung der Kreuzzugsverfolgungen.
In: Der Erste Kreuzzug und seine Folgen. Die Verfolgung von Juden im
Rheinland. Düsseldorf 1996. S. 37-75.

Dieter Mertens, Christen und Juden zur Zeit des ersten Kreuzzuges. In:
Bernd Martin u. Ernst Schulin (Hrsg.), Die Juden als Minderheit in der
Geschichte. München, 3. Aufl. 1985. S. 46-67.

Rosemary Ruether, Nächstenliebe und Brudermord. Die theologischen
Wurzeln des Antisemitismus. München 1978.

---

[30]) Marek Halter, Abraham. Wege der Erinnerung. S. 205/206.

Ehre deinen Vater und deine Mutter
auf dass du lange lebst auf dem Boden,
den der Ewige, dein Gott, dir gibt!
Ex. 20,12.

Auf dem Weg ins Bürgertum
Die jüdische Familie im 19. Jahrhundert zwischen Tradition, Emanzipation und Akkulturation

Die Familie als soziale und staatliche Institution ist erst vom 18. Jahrhundert an zum Gegenstand der staatsrechtlichen und philosophischen Diskussion geworden. In den meisten Definitionen aus dieser Zeit wird die Familie schon im modernen Sinn verstanden, also ohne die Zugehörigkeit von Gesinde und Hauspersonal. Allen Definitionen zu Eigen war allerdings, dass der formulierte Familienbegriff ein spezifisch bürgerlicher war. Die Familie resp. das Verständnis der Familie blieb weiterhin ständisch orientiert. Für die adelige Lebensform war die Vorstellung von der verinnerlichten »kleinen« Lebensgemeinschaft nicht passend. Sie entsprach auch nicht der bäuerlichen Familie, die die traditionelle Einheit von Familie und Betrieb fortführte. Der vierte Stand schließlich, vor allem die breite Masse der Industriearbeiter, erschien aus dem Familienbegriff ganz ausgeklammert. Das Ideal der Ehefrau, die im Hause und als dessen Seele ihre eigentliche menschliche und soziale Bestimmung erfährt, war nicht für eine Klasse gedacht, für die die Frauenarbeit zur Existenzsicherung gehörte.[31]

Die Familie bildet die Keimzelle der Gesellschaft. Dieser Grundsatz gilt nicht nur für das Judentum, sondern ist bis heute in allen christlichen und in vielen anderen Gesellschaften allgemein anerkannt. Für den jüdischen Menschen gilt die Reinheit und Unversehrtheit der Familie als heilige Pflicht.

Die strenge Form der Ehe, die den Anschauungen des Altertums noch nicht bekannt war, hat sich innerhalb des Judentums in freier Entwicklung durchgesetzt. Sie ist hier eine wichtige Institution geworden

---

[31]) Dieter Schwab, Begr. »Familie«. In: Geschichtliche Grundbegriffe. Historisches Lexikon zur politisch-sozialen Sprache in Deutschland. Hrsg. von Otto Brunner, Werner Conze, Reinhart Koselleck. Bd. 2. Stuttgart 1975. S. 253-301. - Der Autor bringt eine ausführliche Diskussion zum Familienbegriff vom Mittelalter an. Den Schwerpunkt der Untersuchung bildet das 18. und 19. Jh. - Die Artikel zum Begriff »Familie« in den wichtigsten jüdischen Lexika sind im Literaturverzeichnis aufgeführt.

und sie ist es geblieben. Schon seit alters her gilt die Ehe als eine »Heiligung« und damit eine zu erfüllende Pflicht. Für Leo Baeck führen erst Mann und Frau, als Paar vereint, den Geist Gottes, den Geist der Heiligkeit in das Haus ein. Dadurch ist eine Familienzuversicht geweckt worden, die unter aller Qual und Not nicht verloren gegangen ist.[32]

Auch wenn die Familie im jüdischen Leben eine wichtige, z.T. einzigartige Rolle gespielt hat und mit Einschränkungen auch heute sicherlich noch spielt, so ist sie in der wissenschaftlichen Auseinandersetzung mit dem Judentum erst in den 1980er Jahren in das Blickfeld gerückt. Wie in der allgemeinen Geschichtswissenschaft, so begann auch im Bereich der deutsch-jüdischen Geschichte die historische Familienforschung. Parallel zu ihr hielt die Frauengeschichte ihren Einzug. Seit Ende der siebziger Jahre erschienen eine Reihe von englischsprachigen Aufsätzen von Autorinnen wie Marion A. Kaplan und Paula E. Hyman[33], die sich mit der Rolle der jüdischen Frau und der Stellung und Bedeutung der Familie in Deutschland befassten. Es scheint so, dass das Interesse für die Stellung der jüdischen Frau in der Geschichte der Familienforschung den Weg bereitet hat. Seit Anfang der neunziger Jahre sind auch in deutscher Sprache einige Monographien erschienen, die sich mit der Geschichte der jüdischen Frau und der jüdischen Mutter befassen.[34] Die Darstellung und Beschreibung der Familie erfolgt in diesen Publikationen in der Regel nur sekundär. Eine Übersicht über den Forschungsstand zu Beginn der neunziger Jahre gibt Trude Maurer im Internationalen Archiv für Sozial-

---

[32]) Leo Baeck, Das Wesen des Judentums. 2. neu bearb. Aufl., Frankfurt 1922. S. 293.

[33]) Von den Autorinnen erschienen u.a.: Marion A. Kaplan, For Love or Money. The Marriage Strategies of Jews in Imperial Germany. In: Leo Baeck Yearbook XXVIII, 1983. S. 263-300. - dies., Priestess and Hausfrau: Women and Tradition in the German-Jewish Family. In: The Jewis Family. Myths and Reality. Edited by Steven M. Cohen and Paula E. Hyman.Ney York, London 1986. S. 62-81. - Paula E. Hyman, The Modern Jewish Family. Image and Reality. In: The Jewish Family. Metaphor and Memory. Edited by David Kraemer. Oxford 1989. S. 179-193. - Desweiteren: Julius Carlebach, Family Structure and the Position of Jewish Women. u. Marion A. Kaplan, Family Structure and the Position of Jewish Women. A Comment. In: Werner E. Mosse, Arnold Paucker, Reinhard Rürup (Hrsg.), Revolution and Evolution 1848 in German-Jewish History. Tübingen 1981. S. 157-187 u. 189-203. M. Kaplans Beitrag war das Korreferat zum gleichnamigen Beitrag von J. Carlebach, dem sie teilweise widerspricht.

[34]) Julius Carlebach, Zur Geschichte der jüdischen Frau in Deutschland. Berlin 1993. - Rachel Monika Herweg, Die jüdische Mutter. Das verborgene Matriachat. Darmstadt 1995. - Für das Frühjahr 1997 ist angekündigt: Marion A. Kaplan, Jüdisches Bürgertum. Frau, Familie und Identität im Kaiserreich.

geschichte der deutschen Literatur.[35] Eine wichtige Quelle für die Familienforschung stellen die Lebenszeugnisse deutscher Juden dar, von denen viele im Leo-Baeck-Institut in New York archiviert sind. Unbekannte Juden aus mehreren Generationen von 1780 bis 1945 beschreiben einzelne Phasen ihres Lebens. Ein kleiner Teil dieser Biographien erschien, herausgeben von Monika Richarz, Ende der siebziger Jahre in drei umfangreichen Bänden.[36]

Der vorliegende Aufsatz kann die bisherigen Forschungsergebnisse nicht erweitern. Es wird vielmehr versucht, den derzeitigen Informations- und Forschungsstand widerzuspiegeln. Dieser kann derzeit allerdings nur aus einer ganzen Reihe von Aufsätzen und Monographien zur Rolle der jüdischen Frau und Mutter und aus unterschiedlichen Monographien zur Geschichte des deutschen Judentums im 19. Jahrhundert herausgearbeitet werden. Zur Ergänzung dieser Ergebnisse wurden autobiographische Notizen deutscher Juden aus dem 18. und 19. Jahrhundert hinzugenommen und in z.T. ausführlichen Zitaten in den Text eingearbeitet.

Dargestellt wird die Entwicklung der jüdischen Familie vom ausgehenden 18. bis zum Ende des 19. Jahrhunderts. In diese Zeit fällt der Übergang von der traditionellen jüdischen Familie zu einer »normalen« Familie des deutschen Bürgertums. Dieser Wandel ist allerdings nicht von allen jüdischen Familien gleichermaßen vollzogen worden. Parallel zur Emanzipations- und Akkulturationsbewegung gab es im deutschen Judentum heftige und kontroverse Diskussionen über Orthodoxie und Reformjudentum.

Die Familie spielte im Judentum schon immer eine sehr wichtige Rolle. Das vierte Gebot verpflichtet die Kinder, ihre Eltern zu ehren. Die Eltern tragen dagegen die Verpflichtung, für das Wohl der Kinder zu sorgen und sie im Sinne der jüdischen Religion und der Tradition zu erziehen. Die jüdische Familie hatte seit biblischen Zeiten eine starke patria-

---

[35]) Trude Maurer, Die Entwicklung der jüdischen Minderheit in Deutschland (1780-1933). Neuere Forschungen und offene Fragen. 4. Sonderheft Internationales Archiv für Sozialgeschichte der deutschen Literatur. Tübingen 1992. - Hier vor allem: 9. Die jüdische Frau und die jüdische Familie. S. 143-156.

[36]) Jüdisches Leben in Deutschland. Selbstzeugnisse zur Sozialgeschichte. 3 Bde. Stuttgart 1976 - 1982. - Eine Zusammenfassung erschien unter dem Titel: Bürger auf Widerruf. Lebenszeugnisse deutscher Juden 1780-1945. München 1989. - Die Memoirensammlung des Leo-Baeck-Institut in New York besitzt über 600 Autobiographien, Familiengeschichten und Firmenbiographien, die seit 1955 von Emigranten in aller Welt dem Institut übergeben wurden. Inhaltlich behandeln die Memoiren einen Zeitraum von 1780 bis 1945.

chalische Gebundenheit, die bis zur Schwelle der Neuzeit bestehen blieb. Erst die einsetzende Emanzipation und die Assimilierung resp. Akkulturation der Juden an das Leben ihrer Umwelt hat die patriachalischen Familienstrukturen zerstört. Die Frau verlangte ihre Gleichstellung mit dem Mann, die Kinder forderten die Anerkennung ihres Rechtes auf Selbständigkeit. Daneben haben die Verfolgungen und die Minderheitensituation in der Diaspora immer wieder den engen Zusammenhalt der Familien gefördert. Frömmigkeit, traditionelle Erziehung und Bildung haben im Judentum bis heute in vielen Fällen eine weitgehend intakte Familienstruktur bewahrt.[37]

Der Weg in die bürgerliche Gleichberechtigung

Über Jahrhunderte hinweg bildeten die Juden in den Teilstaaten des »Heiligen Römischen Reiches Deutscher Nation« eine von der christlichen Bevölkerungsmehrheit streng abgesonderte Gruppe. Vordergründig waren es religiöse Motive, die zur Ausgrenzung führten. Ihr Schicksal galt als direkte Auswirkung der Tatsache, dass sie das Christentum ablehnten. Die alte kirchliche Vorstellung von der »gottgewollten ewigen Knechtschaft der Juden«, von dem »Volk der Gottesmörder« diente als Begründung für neue diskriminierende Gesetze und Maßnahmen. Religiöse Beschuldigungen lieferten zudem immer wieder Vorwände, um die Juden aus den Städten zu vertreiben. Man entledigte sich so der leidigen Konkurrenz und seiner Gläubiger.[38]

Die politisch-rechtliche Stellung der Juden blieb im 18. Jahrhundert noch weitgehend in den alten Strukturen verhaftet. Eine Gesetzgebung, die die Juden mit ihrer christlichen Umwelt gleichstellte, konnte erst im Laufe des 19. Jahrhunderts geschaffen werden. Der für sie erreichbare Status wurde zumeist in Judenordnungen und einer großen Zahl von Polizeiverordnungen geregelt. Durch die christliche Obrigkeit waren die Juden zudem in einem dichten Geflecht von Geboten und Verboten, Edikten und Reglements gefangen. Ihr Leben wurde von der Geburt bis zum Tod bestimmt. Die Vorschriften regelten genau wie viele Juden an einem

---

[37]) Eine ausführliche Besprechung der Grundprobleme und Tendenzen der Forschung zum Judentum im Deutschland des 18. u. 19. Jh. findet sich in: Shulamit Volkov, Die Juden in Deutschland 1780-1918. München 1994. S. 71-130. Das Buch enthält ebenfalls ein umfangreiches Quellen - und Literaturverzeichnis.

[38]) Walter Grab, Der deutsche Weg der Judenemanzipation 1789-1938. München 1991. S. 9. - Im September 1996 erschien in der Reihe ›Deutsch-Jüdische Geschichte in der Neuzeit‹ der zweite Band: Emanzipation und Akkulturation 1780-1871. München 1996.

Ort leben durften, kontrollierten die Zu- und Abwanderung, setzten die Berufe fest und bestimmten die Anzahl ihrer Kinder, die sich verheiraten durften. Die Entwicklung eines »normalen« Familienlebens und der Aufbau von familiären Strukturen war unter diesen Bedingungen kaum möglich. »Die gepeinigten und verachteten Juden befanden sich also in einem Teufelskreis sozialer Zwänge, dem sie nicht zu entrinnen vermochten.«[39]

Die Umwandlung der jüdischen Gesellschaft, die sich im 19. Jahrhundert vollzog, war für sie selbst eine der tiefgreifendsten Umwälzungen seit dem Beginn des Exils im 2. Jahrhundert unserer Zeitrechnung. Das Judentum lebte am Ende des 18. Jahrhunderts noch stark traditionsgebunden. Es schöpfte seine religiösen und kulturellen Werte aus der Vergangenheit, aus einer Vergangenheit, die im fernen Altertum lag, in talmudischen und biblischen Zeiten. Eine ähnliche Tradition haben auch die Christen, die eine literarische Überlieferung als Richtschnur für die Gegenwart akzeptieren. Das Besondere am Judentum war aber ihre absolute Abhängigkeit von der fernen Vergangenheit, denn das Judentum betrachtet alles religiös Wertvolle - Gesetz, Studium, Kultur - als aus alten Zeiten stammend. Jede Anpassung an die Umgebung bzw. jede Änderung im täglichen Ablauf war immer mit ihrer traditionellen Grundlage abgestimmt. Als sich die überlieferten Gesellschaften in Europa aufzulösen begannen, mussten sich die Juden, wollten sie sich den gesellschaftlichen Neuerungen nicht ganz verschließen, sehr großen Umwandlungen stellen.[40]

Es dauerte zwei Generationen, von den achtziger Jahren des 18. bis zu den sechziger Jahren des 19. Jahrhunderts, bis sich die Fesseln, die die Ständeordnung den Juden auferlegt hatte, lockerten bzw. ganz entfielen. Die seitens der Obrigkeit verordnete gesellschaftliche Ausgrenzung der Juden war seit den siebziger Jahren des 18. Jahrhunderts nicht mehr aufrechtzuerhalten. Die allmählich aufkommende liberale, auf freier Konkurrenz beruhende Leistungsgesellschaft erforderte veränderte soziale Beziehungen und Verkehrsformen. Die bürgerlichen Aufklärer neigten zudem dazu, alle Religionen, somit auch Christentum und Judentum, dem öffentlichen Bereich zu entziehen und zur Privatsache zu erklären.

---

[39]) Zitat: Grab, Der deutsche Weg . S. 11.
[40]) Jacob Katz, Aus dem Ghetto in die bürgerliche Gesellschaft. Jüdische Emanzipation 1770-1870. Frankfurt a.M. 1986. S. 15/16. - Die Situation der deutschen Juden zwischen der Revolution und der Reichsgründung untersucht Jacob Toury, Soziale und politische Geschichte der Juden in Deutschland 1847-1871. Düsseldorf 1977.

Die Säkularisierung aller Lebensbereiche machte die Gleichstellung aller Einwohner notwendig.

Der preußische Staatsrat Christian Wilhelm Dohm erklärte im Jahre 1781, ähnlich wie schon Lessing vor ihm, die elende soziale Lage mit der jahrhundertelangen Unterdrückung durch die christliche Umwelt und nicht, wie meist üblich, aus irgendwelchen natürlichen Anlagen oder religiösen Gebräuchen. Dohm forderte daher auch die Aufhebung der jüdischen Sonderexistenz. Doch auch die Befürworter der Emanzipation waren oftmals nicht frei von alten Vorurteilen, so auch Dohm. Sie konnten sich eine Emanzipation nur vorstellen, wenn sich die Juden radikal von allem was als jüdisch galt abkehrten.[41]

Die Wahl der Sprache war dabei eine entscheidende Frage. Der ursprüngliche Versuch, das Hebräische als die authentische, »reine« jüdische Sprache wieder zu beleben, wurde alsbald wieder aufgegeben. Der innere und äußere Druck auf die Juden war zu groß; sie sollten die Sprache ihrer Umwelt erlernen und benutzen. In mehreren Anordnungen und Dekreten, u.a. 1739 in Hessen-Kassel und in den Toleranzedikten Josephs II., wurde den Juden verboten, Jiddisch oder Hebräisch zu sprechen. Auch in dem preußischen Edikt von 1812 war dies noch ein zentrales Anliegen. Aber auch auf jüdischer Seite war die Wahl der richtigen Sprache ein wichtiges Thema. Schon Moses Mendelssohn und sein Berliner Kreis wandten sich entschieden gegen den Gebrauch des »korrupten Jargons«. Das aufsteigende jüdische Bürgertum wollte seinen Kindern das Rüstzeug zur kulturellen Anpassung mitgeben. Für ihn war, genau wie für den nichtjüdischen Aufsteiger dieser Zeit, der Gebrauch von gutem Hochdeutsch unerlässlich.[42]

Die Vorschläge Dohms fanden ihren Widerhall in den emanzipatorischen Maßnahmen des Habsburgerkaisers Joseph II. In sechs Toleranzpatenten, die der Kaiser zwischen 1782 und 1789 erließ, wurden die Lebensbedingungen der Juden zumindest äußerlich verbessert. Jüdische Schüler konnten nichtjüdische Schulen besuchen, was ihnen die kulturelle Anpassung und den Erwerb weltlicher Bildung ermöglichte. Die Zugangssperren zu den meisten Berufen wurden aufgehoben. Die Juden mussten Familiennamen annehmen und durften ihre Verzeichnisse von Geburten, Trauungen und Sterbefällen nicht mehr in hebräischer Spra-

---

[41]) Christian Konrad Wilhelm von Dohm, Über die bürgerliche Verbesserung der Juden. 2 Teile in einem Band. Nachdruck der Ausgaben Berlin und Stettin 1781-1783. Hildesheim 1973.

[42]) Shulamit Volkov, Die Juden in Deutschland 1780-1918. München 1994. S. 12/13.

che, sondern nur noch in deutsch führen. Gegen diese Toleranzpatente gab es innerhalb der staatlichen Bürokratie, die von antijüdischen Ressentiments erfüllt war, erhebliche Widerstände. Aber auch von orthodox-jüdischer Seite wurden diese neuen Regelungen mit Schrecken und Ablehnung zur Kenntnis genommen, sah man doch die Einflussmöglichen auf die Gemeinden schwinden.[43]

Wie schwer es war, die rechtliche Gleichstellung der Juden zu erreichen, zeigte sich 1750 in Preußen. Selbst der preußische König Friedrich II., wegen seiner religiösen Toleranz bekannt, war in seiner Judengesetzgebung intolerant und reaktionär. Am 17. April 1750 erließ er das so genannte »Revidierte General-Privilegium und Reglement für die Judenschaft im Königreich Preußen«. Dieses Generalgouvernement, wie es kurz genannt wurde, ist alles andere als vom aufklärerischen Geist geprägt und schrieb noch einmal alles fest, was bereits seit Jahrzehnten unter absolutistischer Regierung praktiziert wurde. Es hatte bis 1812 Bestand.

Am Beispiel dieses Gesetzes lassen sich die schwierigen Lebensbedingungen der Juden im 18. Jahrhundert darstellen. Das Dekret teilte die Judenschaft in sechs Klassen ein. Zur ersten Klasse zählten die Reichsten. Sie erhielten ein Privileg, das sie faktisch beinahe zu Bürgern machte. Daneben gab es »ordentliche« und »außerordentliche« Schutzjuden. Sie konnten ihre Wohnsitze nicht frei auswählen. Während die »ordentlichen« Schutzjuden ihr »Geschütztsein« immerhin noch auf zwei ihrer Kinder vererben konnten, konnten die übrigen Familienmitglieder wie im übrigen alle Nachkommen eines »außerordentlichen« Schutzjuden nach dem Tod des Familienangehörigen unverzüglich ausgewiesen werden. Zur untersten Gruppe, der sechsten Klasse, zählten die jüdischen Dienstboten. Sie durften nicht heiraten und konnten nur solange in der Stadt bleiben wie sie in Stellung waren. Zudem gab es eine große Anzahl von rechtlosen Betteljuden, die oft verfolgt und immer wieder aus dem Land getrieben wurden.

Der bekannte Philosoph Moses Mendelssohn (1729-1786), der aus Dessau stammte, brachte es in Preußen trotz seines großen Ruhms niemals weiter als bis zum »außerordentlichen Schutzjuden«. Seine Familie durfte nach seinem Tod nur durch einen speziellen »Gnadenerweis« des preußischen Königs Friedrich Wilhelm II. weiterhin in Berlin bleiben.[44] Durch

---

[43]) Grab, Der deutsche Weg. S. 11.
[44]) Grab, Der deutsche Weg. S. 13.

sein Bestreben, das Gedankengut der europäischen Aufklärung mit dem Judentum zu verknüpfen, steht Moses Mendelssohn als herausragende Persönlichkeit seiner Zeit für den Beginn der jüdischen Aufklärung in Deutschland. Er postulierte die Verbindung vor allem der deutschen Kultur und Sprache sowie der wissenschaftlichen und literarischen Bildung mit gesetzestreuer jüdischer Lebensweise und legte so die geistigen Grundlagen für den Typus des deutschen Staatsbürgers jüdischen Glaubens.

In anderen Fürstentümern und Herrschaften Mitteleuropas war der Rechtsstatus der Juden zumeist nicht derart detailliert geregelt. Hier wie dort gab es aber immer eine zahlenmäßig beschränkte, privilegierte Oberschicht, eine unterschiedlich definierte Schicht von Schutzjuden sowie eine zahlenmäßig schwer einzuschätzende Unterschicht.

Im Gefolge der Französischen Revolution und der Napoleonischen Eroberungsfeldzüge gelangte die französische Judengesetzgebung auch in die deutschen Länder. Begriffe wie Freiheit, Gleichheit, Brüderlichkeit sollten und mussten erstmals auch auf die Juden angewendet werden. Gesetzliche Grundlage wurde das französische Toleranzedikt von 1791, allerdings mit den Einschränkungen des kaiserlichen Dekrets vom 17. März 1808, des so genannten »schändlichen Dekrets«[45].

Beeinflusst von dieser liberalen Gesetzgebung trat am 11. März 1812 ein »Edikt, betreffend die bürgerlichen Verhältnisse der Juden im preußischen Staate« in Kraft. Mit diesem vor allem vom Staatskanzler Karl August Fürst Hardenberg initiierten Gesetz konnte erstmals eine, wenn auch nur kurzlebige Gleichberechtigung erreicht werden. Das königliche Edikt war trotz Einschränkungen der bedeutsamste Sieg im Kampf um die bürgerliche Gleichstellung der Juden in Deutschland. Doch wurde die emanzipatorische Gesetzgebung der französischen Zeit 1815, als auf dem Wiener Kongress die Landkarte Europas neu geordnet wurde, vielerorts wieder zurückgenommen. Sie dürfte jedoch dessen ungeachtet in der sozialen Wirklichkeit ihre Spuren hinterlassen haben. Das Edikt von 1812 erhielt im übrigen in den neuen preußischen Provinzen wie Westfalen und dem Rheinland keine Gültigkeit. Insgesamt erzielte die mehr aus taktischen Gründen der Staatsräson verordnete Judenemanzipation in der Öffentlichkeit keine besonders große Wirkung. Sowohl die Toleranzedikte Joseph II. wie auch das Edikt von 1812 ließen entwürdigende Ausnahmen zu. Das kaum entwickelte demokratische Bewusstsein der

---

[45]) Das sog. »schändliche Dekret« war von Kaiser Napoleon I. erlassen worden.

überwiegend in Untertanengeist verharrenden Bevölkerung ließ eine wirkliche Integration der Juden in die bürgerliche Gesellschaft kaum zu.[46] Nach außen hin setzten sich in den folgenden Jahrzehnten die reaktionären Kräfte wieder durch.

Die Ereignisse des Jahres 1848, die bürgerliche Revolution, ließen unter den Juden die Hoffnung auf Freiheit und Gleichheit wieder steigen. In der Grundrechtsdebatte der Frankfurter Nationalversammlung zählten die Forderungen nach vollständiger Religions-, Gewissens- und Lehrfreiheit, einem deutschen Staatsbürgerrecht und der Abschaffung aller Vorrechte zu den wichtigsten Punkten. Doch die Hoffnungen der Frankfurter Nationalversammlung auf eine demokratische Verfassung wurden enttäuscht. Für die Juden war die Enttäuschung um so nachhaltiger, als in Artikel 13 der Verfassung grundlegende Menschenrechte aufgeführt waren, die sie zu gleichberechtigten Bürgern gemacht hätten. Doch bis zu diesem Ziel sollten noch einmal zwanzig Jahre vergehen.

Die Emanzipationsbestrebungen konnten, nach Meinung jüdischer Gelehrter in der ersten Hälfte des 19. Jahrhunderts, nur dann erfolgreich verlaufen, wenn die Ausbildung, die bisher nur von den Talmudschulen getragen wurde, auf eine breitere Basis gestellt würde. Da nun auch die deutsche Sprache gelehrt werden musste, genügte die bisherige Ausbildung nicht mehr.

Zwei Jahrzehnte nach der gescheiterten bürgerlichen Revolution von 1848 konnte endlich die vollständige bürgerliche Gleichberechtigung erreicht werden. Am 3. Juli 1869 wurde von Bismarck für den Norddeutschen Bund ein »Gesetz, betreffend die Gleichberechtigung der Konfessionen in bürgerlicher und staatsbürgerlicher Beziehung«[47] erlassen. Es bezog sich nicht spezifisch auf die »Bürger israelitischer Religion«, sondern war allgemein gehalten. Mit der Gründung des Deutschen Reiches 1871 erfolgte die Aufnahme dieser Bestimmung in die Reichsverfassung. Wenn auch die Gleichberechtigung von oben angeordnet war, setzte sie sich dennoch weitgehend durch.

---

[46]) Grab, Der deutsche Weg. S. 21.
[47]) Als Nr. 191b »Sicherung der Bekenntnisfreiheit« in der Verfassung des Norddeutschen Bundes enthalten.

Ständische Gesellschaft mit strengen Schranken

Als sich die Ghettos für die Juden öffneten und sie sich mehr und mehr ihren Platz in der nichtjüdischen, christlichen Gesellschaft suchen mussten, fanden sie keine klassenlose Gesellschaft vor. In Deutschland blieben bis Ende des 19. Jahrhunderts strenge Schranken zwischen den einzelnen Schichten der Gesellschaft erhalten. Zu den alten, historisch gewachsenen Ständen - Adel, Klerus, Bauern - trat mit der beginnenden Industrialisierung die Arbeiterklasse hinzu und es bildete sich der so genannte Dritte Stand aus den Kreisen des Bürgertums. Das deutsche Bürgertum war allerdings in der Mitte des 19. Jahrhunderts noch eine unbestimmt umschriebene Gesellschaftsgruppe.

Dem Dritten Stand, so weit er sich in den deutschen Territorien im ausgehenden 18. und dem beginnenden 19. Jahrhundert bereits ausgebildet hatte, war es nicht um eine radikale Auseinandersetzung mit den beiden anderen Ständen, dem Adel und dem Klerus zu tun. Ihm schwebte vielmehr ein fürstlicher Rechtsstaat vor, der die gröbsten Missstände des »ancien régime« selbst abschaffte, indem die Regierung für Erwerbsmöglichkeiten, Ausbildung und Armenfürsorge sowie für einen begrenzten Rechtsschutz sorgen sollte.

Der Dritte Stand verfügte über kein gemeinsames Konstitutionsmerkmal und verfolgte keine eindeutigen politischen Interessen. Die Entwicklung des deutschen Bürgertums vollzog sich nicht auf der politischen Ebene. Gesellschaftliche und wirtschaftliche Faktoren bestimmten im wesentlichen diese Entwicklung. Beträchtliche Umwälzungen vermittelten breiten Bevölkerungsschichten das Gefühl rascher Beschleunigung und zügiger Veränderung der vertrauten Umgebung.

Bis weit in die Mitte des 19. Jahrhunderts hinein, konnten sich die deutschen Bürger kaum auf eine gemeinsame Tradition besinnen. Die Erinnerung an die Befreiungskriege verschaffte nur ein schwaches Zusammengehörigkeitsgefühl. Verwaltungsreformen, wie etwa die Bauernbefreiung und die Gewerbeordnung, sorgten für eine dürftige Anpassung an die gesellschaftlichen und politischen Wandlungen, verhinderten aber, dass das Bürgertum sich solidarisieren konnte. Die wirtschaftliche Zusammenarbeit und der spätere Zollverein förderten eine Aufhebung der nationalen Zersplitterung und befreiten den wirtschaftlichen Fortschritt von lästigen Fesseln, ohne dass dieser in politische Forderungen umgemünzt werden konnte.

Neben der Abgrenzung zu den anderen Ständen, durchzogen das Bürgertum selbst zunehmend weitere Schranken. Die großbürgerlichen Kreise setzten sich gegen die Masse des Bürgertums stärker ab und gewannen engeren Kontakt mit dem alten Adel, dessen Fortbestand sie durch die Zuführung von Geld und durch die Übernahme seiner Lebens- und Denkformen unterstützten. Das Bürgertum selbst schloss sich noch stärker gegen den wachsenden vierten Stand, gegen die Arbeiter, Gesellen und Bauern ab.

Der Eintritt der Juden in die christliche Gesellschaft erfolgte meist über das Bürgertum. Ähnlich wie in der christlichen Gesellschaft rechneten sich die jüdischen Familien, abhängig vom Wohlstand und Einkommen, den unterschiedlichen Gruppen des Bürgertums zu. Die meisten Familien werden im 19. Jahrhundert dem unteren und mittleren Bürgertum angehört haben. Es gab aber auch sehr wohlhabende Familien, die sich dem Großbürgertum zugehörig fühlten. Eine Erhebung dieser Familien oder einzelner Personen von ihnen in den Adelsstand war zwar möglich, geschah jedoch nur sehr selten. Die in Preußen im 19. Jahrhundert geadelten Familien empfingen bei ihrer Nobilitierung die Taufe. In den deutschen Kleinstaaten konnte die Erhebung in den Adelsstand auch ohne Übertritt zum Christentum erfolgen. Die Nobilitierung erfolgte aufgrund des Reichtums oder wegen besonderer Verdienste für den Landesherren.

Um 1871 war die Verbürgerlichung der deutschen Juden nahezu vollständig. Es gab einige sehr reiche Familien wie die Rothschilds oder Gerson Bleichröder und es gab relativ wenig arme Juden, um die sich eine ganze Reihe jüdischer Wohlfahrtseinrichtungen bemühte. In den meisten jüdischen Familien waren die Männer in bürgerlichen Berufen tätig, viele im Einzelhandel. Zunehmend besuchten sie die Universitäten. Später drängten viele von ihnen zudem in die freien Berufe, da sie zunächst vom Staatsdienst ausgeschlossen blieben und auch später kaum aufgenommen wurden. Entgegen landläufigen Vorurteilen fanden sich Juden auch in den Kreisen der Arbeiterschaft und des Handwerks. Bei genauer Betrachtung zeigt sich aber, dass der sozialen Integration zumeist gesellschaftliche Grenzen gesetzt waren. Die »Breslauer Morgenzeitung« aus dem Jahre 1870 berichtete über einen Ball der Breslauer Kaufmannschaft: *»Unsere christlichen und jüdischen Kaufleute haben zusammen marchandiert, discontiert, diniert, soupiert, smoliert, sie haben sich sogar spousiert, aber niemals mit-*

einander getanzt.«[48] Den Juden ist es tatsächlich nicht gelungen, vollständig akzeptiert zu werden. Sie blieben Außenseiter, und zwar nicht am Rand, sondern im Zentrum der Gesellschaft.

Die jüdische Familie zwischen Ideal und Wirklichkeit

Zwei gegenläufige und dennoch verknüpfte Themen, nostalgischer Stolz und gleichzeitig Besorgnis, existierten nebeneinander in der Darstellung der modernen jüdischen Familie. Historiker haben die moderne Familie charakterisiert als eine kleine häusliche Gemeinschaft, mit wenigen Verpflichtungen zur erweiterten Familie und mit strengen Grenzen zwischen sich selbst und der Gesellschaft. Besonders in ihrer bürgerlichen Form ist die Familie in erster Linie eine auf Verbrauch und nicht auf Produktion ausgerichtete Gemeinschaft.

Die Familie, vor allem das religiöse Elternhaus, galt nicht nur als Schnittpunkt jüdischen Daseins, sondern in vielen Ländern auch als Ersatz für ein fehlendes Nationalbewusstsein. Die Eltern richteten die Erziehung ihrer Kinder stets auf den künftigen Lebensweg aus. Während die Schule in erster Linie Wissensstoffe zu übermitteln hatte, erhielt das jüdische Heim die Aufgabe, das Gelernte in die Praxis umzusetzen. Alles was die Schule tat, war nur eine Vorbereitung für das, was zu Hause realisiert werden sollte.[49] Eltern und Gemeinschaft sind verpflichtet, die selbst empfangene Lehre und die vorgefundene Tradition zu erhalten und an die Kinder weiterzugeben. In ihrem »Glaubensbekenntnis«, dem Schema Jisrael, werden sie jeden Tag daran gemahnt, diese Aufgabe zu erfüllen. *»Und es sollen diese Worte, die ich dir heute gebiete in deinem Herzen sein, und du sollst sie deinen Kindern einschärfen und von ihnen reden, wenn du in deinem Haus weilst, und wenn du auf dem Wege gehst, wenn du dich niederlegst und wenn du aufstehst.«* (5. Moses 6,6-7)

Eltern und Kinder sind in gegenseitiger Verpflichtung miteinander verbunden. Von der Tradition her ist es unstrittig, dass die Kinder ihre Eltern lieben und ehren sollen. Die Schrift vergleicht dieses mit der Pflicht, Gott zu ehren. »Die Rabbanen lehrten: Es heißt: *ehre deinen Vater und deine Mutter* (Ex. 20,12), und es heißt: *ehre den Herrn mit deinem Gute* (Sprüche 3,9)«; die Schrift hat somit die Ehrung von Vater und Mutter mit der Eh-

---

[48]) Zitiert nach: Juden in Deutschland. Von der Aufklärung bis zur Gegenwart. Hrsg. von Ludger Heid und Julius H. Schoeps. München 1994. S. 13.

[49]) »Wenig vermag das Haus ohne die Schule, nichts aber die Schule ohne das Haus.« S.R. Hirsch, Versuche über Jissroels Pflichten, S. 365.

rung Gottes gleichgesetzt.[50] Doch auch die Eltern haben ihren Kindern gegenüber bestimmte Verpflichtungen und Aufgaben wahrzunehmen. In Ergänzung der biblischen Forderung der Elternehrung legte das rabbinische Judentum diesen die Förderung ihrer Kinder auf. Wie ernst Kinder genommen werden, zeigt etwa die gesamte häusliche Pessachfeier, die als Antwort auf die Fragen der Kinder gedacht ist.[51]

Die Familie war nicht nur die Keimzelle der Gesellschaft, sondern sie bildete auch die kleinste Einheit jeder jüdischen Gemeinde. Diese übte allerdings bis in die Zeit der Emanzipation eine starke Kontrollfunktion aus. Die Weitergabe der jüdischen Tradition und Religion ist dennoch nie nur eine Sache der Gemeinden gewesen, sondern mindestens im gleichen Maß auch eine Sache der Familien. Dies ergibt sich schon daraus, dass die jüdischen Religionsvorschriften, werden sie eingehalten, das ganze Leben durchdringen und dass der jüdische Kalender den Lebensrhythmus prägt. Die jüdischen Feste waren zugleich auch Familienfeste.

Das jüdische Haus gilt bis heute als der kollektive Erinnerungsort der göttlichen Offenbarung. Als äußeres Zeichen für den Geist, der es erfüllen und beseelen soll, sind an den rechten Türrahmen des Eingangs und aller Wohnraumtüren *Mesusot*, kleine Pergamentrollen mit einigen Texten aus dem 5. Buch Moses (6,4-9 u. 11,13-21 / u.a. das Schema Israel), befestigt. Die Textrolle ist in einer meist künstlerisch gestalteten Kapsel verborgen. Für Leo Baeck ist *»innerhalb der jüdischen Gemeinde [...] gewissermaßen jedes Haus eine Gemeinde für sich, und alle diese Bräuche und Ordnungen, die die Gemeinde erhalten wollen, zielen darauf auch hin, das Haus zu schaffen und zu wahren. Sie werden der ›Zaun‹ um das jüdische Haus.«[52]*

Das Haus ist auch in anderer Hinsicht ein wichtiges Refugium für die jüdische Familie gewesen. Die zahllosen Vergnügungen und Freizeitaktivitäten, die im Laufe des 19. Jahrhunderts immer stärker angeboten wurden, konnten von vielen Juden nicht genutzt werden. Die Beachtung der religiösen Gebote, wie z.B. die Schabbatruhe, ließ eine Teilnahme nicht zu. So fanden vor allem die religiösen Juden eine Unterhaltung häufig nur zu Hause im Familienkreis. Daraus resultierte auch eine besondere Form der »Anhänglichkeit«, das emotional enge Zusammengehörigkeitsgefühl der einzelnen Familienmitglieder. Der Rabbiner Mo-

---

[50]) Kidduschin 30b, nach : Der babylonische Talmud. Neu übertragen durch Victor Goldschmidt. Bd. 6. Berlin 1932. S. 608. - Arthur Herzberg, Judaismus. Die Grundlagen der jüdischen Religion. München 1993. S. 176.

[51]) Pnina Navé Levinson, Einblicke in das Judentum. Paderborn 1991. S. 119.

[52]) Baeck, Das Wesen des Judentums. S. 290.

ritz Güdemann schreibt dazu: *»Das Haus war den Juden damaliger Zeit nicht bloß die einzig sichere Zufluchtsort und der Sitz des Familienlebens, sondern es musste ihnen auch die Annehmlichkeiten der Öffentlichkeit ersetzen. Denn öffentliche Unterhaltungen [...] gab es für die Juden bei ihrem nach innen gekehrten und nach außen abgeschlossenen Leben nicht [...] Mit der erhöhten Bedeutung des Hauses aber steigt auch die Bedeutung der Hausfrauen[...]«.* [53]

In den großen jüdischen Gemeinden Osteuropas konnte die Jugend auch außerhalb der Familie und der Synagoge »jüdisch« werden und bleiben. In den Ländern Mitteleuropas führten die Familien, gleich welcher Richtung, orthodox oder liberal, sie auch angehörten, ein »Inseldasein«. Diasporasituation und jüdische Verfolgung trugen schließlich mit dazu bei, dass Haus und Familie, deren Hüterin traditionell die Mutter ist, zum überlebenswichtigen Ort - Refugium, Trutzburg und Mittelpunkt jüdischer Existenz - wurden.[54] Mit Blick auf das osteuropäische Judentum im 19. Jahrhundert schreibt eine Zeitzeugin: Jüdisches Familienleben sei damals »sehr friedlich, angenehm, ernst und klug« gewesen; »kein Chaos von Sitten, Gebräuchen und Systemen« habe geherrscht, vielmehr habe jeder jüdische Brauch, seine »Wichtigkeit und Bedeutung« gehabt und sich den Kindern »tief und unvergesslich« eingeprägt, so dass jedes jungvermählte Paar »das alte Leben« fortgelebt hat.[55]

In der traditionellen jüdischen Familie waren die Rollenerwartungen klar definiert. Der Vater gab seinen Söhnen jene religiösen Pflichten weiter, die von den Männern zu beachten waren, wie z.B. das regelmäßige tägliche Gebet. Die Mutter vermittelte ihren Töchtern all das Wissen, dass ihnen im Rahmen der religiösen Verantwortung oblag. Zu den besonderen Aufgaben der Frauen und Mädchen gehört die Vorbereitung auf den Schabbat, das Entzünden der Schabbatkerzen und die Bewahrung der sexuellen Reinheit. Jede Generation schloss sich nahtlos der vorhergehenden an. Es gab keinen Bruch in der Kontinuität. »Ein unauflösliches

---

[53]) Moritz Güdemann, Geschichte des Erziehungswesens und der Cultur der abendländischen Juden während des Mittelalters und der neueren Zeit. 3 Bde. Wien 1880,1884, 1888. Mit einem Nachtr. verm. Auflage. Amsterdam 1966. Bd. 1, S. 233. - M. Güdemann (1835-1918) war zunächst Rabbiner in Magdeburg und anschließend Oberrabbiner von Wien. Das Hauptgebiet seiner wissenschaftlichen Betätigung war die jüdische Kulturgeschichte.

[54]) Rachel Monika Herweg, Die jüdische Mutter. Das verborgene Matriachat. Darmstadt 1995. S. 79.

[55]) Pauline Wengeroff, Memoiren einer Großmutter. Bilder aus der Kulturgeschichte der Juden Rußlands im 19. Jahrhundert. 2 Bde. Berlin. 1908/1910. Hier zitiert nach: Herwig, Die jüdische Mutter. S. 137.

Band einte die Pietät gegenüber der Religion mit der Pietät gegenüber der Familie.«[56] Nur wo an den religiösen Bräuchen und Pflichten gezweifelt wurde, konnte dieses Band zerschnitten werden. In jenen, meist akkulturierten Kreisen, konnte die dauerhafte Beziehung zur Familie zum einzigen noch verbleibenden Band für die fortgesetzte Identifikation mit dem Judentum werden.

Viele Familienfeiern im häuslichen Kreise hatten ihre Ursprünge nicht unbedingt in jüdischen Wurzeln, sondern konnten durchaus auf regionales Brauchtum zurückgreifen. Die Bindung an diese *minhagim* (regionale Bräuche) war vielfach genauso stark und innig wie die Bindung an die *Halacha* (religiöse Regeln). Manches kann in seinen Ursprüngen bis heute nicht erklärt werden. Es gab viele kleine häusliche Zeremonien, die nur in einzelnen Regionen verbreitet waren. Ein gutes Beispiel für eine nur regional bekannte Familienfeier ist die so genannte »Holekrasch«. Dieses Fest, das gut einen Monat nach der Geburt eines Kindes gefeiert wird, ist vor allem im süddeutschen Raum bekannt. Lediglich durch Wohnortwechsel vom Süden in andere Regionen konnte es vorkommen, dass es auch anderenorts von Zugezogenen[57] gefeiert wurde, ohne dass es allerdings in den entsprechenden Gebieten Fuß fassen konnte. In einer zu Beginn des 20. Jahrhunderts verfassten Biographie findet sich eine Beschreibung dieser Zeremonie: *So war insbesondere für uns Kinder die sogenannte »Holekrasch« ein Festtag. Etwa 3-4 Wochen nach der Geburt eines Kindes versammelten sich die jüdischen Kinder in der Wohnung des Neugeborenen. Sie stellten sich um die Wiege und riefen dabei: »Holekrasch, Holekrasch, wie soll das Kindchen heißen?« Der Vater oder die Mutter des Kindes verkündeten dann den Namen. Darauf erhoben die Kinder wiederum die Wiege mit dem Rufe: »X, soll es heißen!« Damit war der Akt der Namensgebung beendet. Die Hauptsache für uns Kinder war die darauffolgende Bescherung mit gesalzenen Erbsen, Obst, Lebkuchen und dergleichen. Über die Herkunft der Bezeichnung »Holekrasch« kursierten die verschiedenartigsten Auslegungen. Die Bezeichnung kann verunziertes Hebräisch, Deutsch oder*

---

[56]) Deutsch-jüdische Geschichte der Neuzeit. Bd. 2, S. 97.
[57]) Dem Autor liegt aufgrund eigener Forschungen ein kurzer biographischen Bericht aus dem Westmünsterland vor, in dem eine »Holekrasch«-Feier beschrieben wird. Der Gastgeber war ein aus Süddeutschland zugezogener Rabbiner, der die Geburt einer Tochter entsprechend feierte. Den geladenen Gästen, vor allem Kinder, war diese Zeremonie völlig fremd und sie handelten ganz nach den Anweisungen des stolzen Vaters. Der Schreiber der biographischen Notiz stellt fest, dass er diese Zeremonie bis auf den heutigen Tag nicht wieder erlebte. - Siehe auch: Deutsch-jüdische Geschichte der Neuzeit. Bd. 2, S. 98.

Französisch sein. Wir Kinder kümmerten uns noch nicht um derartige etymologische Untersuchungen, für uns war Holekrasch immer ein großes Vergnügen.[58]

Unterschiedliche regionale Bräuche, religiöse Gruppierungen und dergleichen mehr erlauben es nicht, von der jüdischen Familie zu sprechen. Jüdische Familien unterschieden sich in den letzten zweihundert Jahren, wie früher auch, nach ihrem Heimatland, ihrer sozioökonomischen Zugehörigkeit und dem Niveau ihrer Akkulturation. So sammelten die Familien in Westeuropa und in den Vereinigten Staaten, anders als die Familien in Osteuropa, schon früh im 19. Jahrhundert Erfahrungen mit der Emanzipation und der Industrialisierung.

Bereits gegen Ende des 18. Jahrhunderts wuchs bei vielen Juden der Drang, den eigenen Bildungshorizont zu erweitern. Mit Moses Mendelssohn war das Bestreben, sich deutsche Bildung anzueignen, erwacht. Henriette Herz (1764-1847) beschreibt in ihren Erinnerungen die Umbruchstimmung im Berlin des ausgehenden 18. Jahrhunderts.[59] Männer und Frauen waren gleichermaßen vom Bildungshunger erfasst. Doch viele Männer mussten bald erkennen, dass ihnen die Zeit für ausgedehnte Studien fehlte. Zudem verfügten sie nicht über die notwendige wissenschaftliche Vorbildung. Als Kaufleute waren sie mit ihren Handelsgeschäften so ausgefüllt, dass sie entweder ihre Studien nur sehr dilettantisch betrieben oder sie alsbald aufgaben. Anders war die Situation bei den Frauen. Sie waren durch Aufsätze in den »Briefen, die neueste Literatur betreffend« von Moses Mendelssohn und in der »Allgemeinen Deutschen Bibliothek« veranlasst, sich mit den geistigen Neuerungen der Zeit, vor allem der schönen Literatur zu beschäftigen. Ihnen standen keine beruflichen Hindernisse im Wege. Die größten Widerstände wurden ihnen von ihren Eltern entgegengesetzt. Diese setzten die deutsche Bildung mit der christlichen gleich. Zudem standen sie allen Beschäftigungen ihrer Kinder skeptisch gegenüber, die diese ausübten, ohne das es konkrete berufliche Bezüge gab. Darüber hinaus befürchteten viele Eltern, dass ihre Kinder sich mehr und mehr von der bis dahin patriachalisch gestalteten Familie abwenden könnten. Doch, wie Henriette Herz schreibt, wurde der Widerstand nur zur neuen Anregung. Die wohlha-

---

[58]) Bürger auf Widerruf. S. 111/112. Autor dieser Zeilen ist Eduard Silbermann, von dem noch weitere Zitate folgen werden. - Anmerkung von Monika Richarz: Manche Forscher führen Holekrasch auf »Hollekreis«, d.h. den Kreis der Frau Holle, zurück.

[59]) Henriette Herz, verheiratet mit dem Arzt und Philosophen Markus Herz, unterhielt in ihrem Haus einen Salon. In ihm traf sich eine intellektuelle Elite zu schöngeistigen Gesprächen. Nach dem Tod ihres Mannes arbeitete sie als Erzieherin. Nach dem Tod ihrer Mutter 1818 ließ sie sich taufen.

benderen Juden, durch ausgedehnte Geschäftsbeziehungen mit Christen vertraut, waren in dieser Hinsicht nachsichtiger.[60]

Henriette Herz gehörte neben Dorothea Schlegel und Rahel Varnhagen van Ense zu den bekanntesten Gastgeberinnen in den Berliner Literaturzirkeln. Diese Salons erfahren eine ausführliche Behandlung in der Literatur. Es waren außergewöhnliche Persönlichkeiten, die dort das gesellschaftliche Leben geprägt haben. In eine Betrachtung der jüdischen Familie brauchen sie jedoch nicht notwendigerweise einbezogen werden, da die Personen resp. Familien, die diese Salons führten, nur einen kleinen Teil der deutschen Judenschaft repräsentierten. Darüber hinaus standen sie entweder am Rande oder schon ganz außerhalb der jüdischen Gemeinschaft. Die meisten Lebenswege der Angehörigen dieser kleinen Gruppe führten weg vom Judentum, nicht immer, aber doch häufig zum Christentum.[61]

Die mehr und mehr gewährten größeren Bewegungsfreiheiten führten in vielen Familien zu einer Veränderung der religiösen Grundhaltung. Der Umgang mit liberal gesinnten christlichen Nachbarn und die liberale Gesinnung in den vierziger Jahren des 19. Jahrhunderts beeinflussten das Denken. Hinzu kam, dass viele Jugendliche ihre Ausbildung, beruflich wie schulisch, außerhalb der angestammten Heimat erhielten und dort auch mit freidenkenden Zeitgenossen zusammenkamen. In ihre Heimatorte zurückgekehrt, brachten sie oftmals neues Gedankengut in ihre Familien. Es waren häufig die so genannten »besseren« Familien - d.h. Familien mit einem größeren Vermögen und mit einem höheren Bildungsgrad -, die sich von diesem Gedankengut beeinflussen ließen.

In vielfacher Weise »modernisierte« sich die westliche jüdische Familie schneller und früher. Sie »modernisierte« sich nicht nur im Vergleich mit den jüdischen Familien Osteuropas, sondern auch im Vergleich zu den christlichen Nachbarfamilien. Schon vor der Emanzipation besaßen traditionelle jüdische Familien eine Reihe von Eigenschaften, die von Familienhistorikern als »modern« bezeichnet werden.[62] So zeigten jüdische Familien schon erhebliche Gefühle und Zuneigungen gegenüber ihren Kindern, als in der allgemeinen traditionellen Gesellschaft noch die Gleichgültigkeit gegenüber Kleinkindern charakteristisch war. Die hohe Kinder-

[60]) Henriette Herz, Zur Geschichte der Gesellschaft und des Konversationstones in Berlin. In: dies. in Erinnerungen, Briefen und Zeugnissen. Frankfurt a.M. 1984. S. 61.

[61]) Eine ausführliche Untersuchung der jüdischen Salons in Berlin liefert Deborah Hertz, Die jüdischen Salons im alten Berlin. Frankfurt 1991.

[62]) Hymann, The Modern Jewish Family: S. 180.

sterblichkeit hielt viele Eltern davon ab, zu enge Gefühle für einzelne Kinder zu entwickeln.

Ein besonders auffälliges Merkmal der modernen jüdischen Familie ist die schon früh auftretende Reduzierung der Geburtenrate. Vielleicht wegen ihres starken Verlangens nach sozialem Aufstieg und der geringen Bedeutung von Kindern bei wirtschaftlichen Unternehmungen, wurden die Juden zu eifrigen und wirkungsvollen Anwendern von Geburtenkontrollen. Dennoch beunruhigte der Rückgang der Geburtenrate im Westen nicht die jüdische Gemeinschaft, da ständig große Familien aus dem Osten einwanderten und somit die jüdische Bevölkerung weiter wuchs.[63]

Die dramatische Reduzierung der Familiengröße sowie die Übernahme der Normen des Bürgertums und die wirtschaftliche Integration veränderten die Rolle der einzelnen Familienmitglieder. Noch bis in das letzte Drittel des 19. Jahrhunderts lebten die meisten Juden in Westeuropa und in den USA in kleinbürgerlichen Verhältnissen. Sie lebten von den traditionellen jüdischen Handelsformen: Verkauf und Handel von alten Kleidern und vom kleinen Einzelhandel. Eine beträchtliche Minderheit lebte an der Grenze zur Armut. Doch ermöglichte die große soziale Mobilität den westeuropäischen und den amerikanischen Juden, später auch den osteuropäischen Immigranten, nach ein bis zwei Generationen einen Mittelklasse- bzw. oberen Mittelklasse-Status zu erreichen.

Die meisten modern orientierten Juden im Westen lebten in Zweigenerationen-Kleinfamilien. Dennoch waren die verwandtschaftlichen Verbindungen sehr wichtig. Jüdische Familienunternehmen wurden oft von Brüdern gegründet und die verwandtschaftlichen Kontakte förderten den wirtschaftlichen Erfolg von Unternehmungen sowohl in Europa wie in Amerika. Viele junge Juden fanden Unterkunft bei Verwandten, wenn sie zur Fortsetzung ihrer schulischen oder beruflichen Ausbildung ihre Heimatorte verließen und in die Großstädte wechselten. Auch die Mädchen wurden gern zu Verwandten geschickt, um dort im Haushalt auszuhelfen und in die Hausarbeit eingeführt zu werden oder um im Geschäft zu arbeiten. Die Pflege der Familienverbindungen war wichtig in einer Gesellschaft, die kaum Toleranz zeigte gegenüber den Juden und dem Judentum.[64]

Obwohl die Kleinfamilie die beherrschende Familienform für die Juden im 19. Jahrhundert war, stand die Großfamilie nicht nur zur Unterstüt-

---

[63]) Hymann, The Modern Jewish Family: S. 181.
[64]) Kaplan, Priestess and Hausfrau. S. 75.

zung zur Verfügung, sondern sie war oft auch in der Nähe. Bei aller Mobilität, die charakteristisch für dieses Jahrhundert war, wurden die Familienbande nicht zerstört. Die jüdische Familie war während des ganzen Jahrhunderts hindurch eine ausgeglichene und gefestigte Einrichtung mit emotionalen, sozialen und wirtschaftlichen Ansprüchen an ihre Mitglieder.[65]

Das herausragende Bild, das von jüdischen Schriftstellern, Gelehrten und Künstlern zur jüdischen Familie gezeichnet wurde, war eines voller Stolz. Jüdische Interpreten verwiesen gern auf die besondere Stellung der Familie innerhalb der jüdischen Apologetik und der Identität. In dem sie die Familie zu einem Objekt des Stolzes und einer besonderen Bedeutsamkeit machten, arbeiteten sie an den Strategien für eine Selbstverteidigung wie auch an dem Kampf zur Erringung der Gleichberechtigung. In einem Zeitalter, in dem das Judentum in mancherlei Dingen der Kritik oder dem Spott ausgesetzt war, konnten sie das traditionelle jüdische Familienleben als ein Modell edlen häuslichen Verhaltens entgegenstellen und zugleich das Judentum wie auch die Juden rehabilitieren.

Hannah Arendt schreibt zur Bedeutung der Familie: »In the preservation of the Jewish people the family had played a far greater role than in any Western political or social body except the nobility. Familiy ties were among the most potent and stubborn elements with the Jewish people resisted assimilation and dissolution.«.[66]

Die Glorifizierung des jüdischen Familienlebens fand neben vielen Zeitungsartikeln ihren Niederschlag auch in der Genre-Malerei. Die Gemälde von Moritz Oppenheim fanden in Form von Drucken in Sammelmappen oder als gebundene Ausgaben weite Verbreitung und erfreuten sich in Deutschland einer großen Popularität.[67] Diese Arbeiten brachten eine machtvolle Widerlegung kritischer Stimmen zum Judentum, seiner Religion und seiner Kultur sowohl gegen Befürworter der Aufklärung wie auch gegen Konservative. Weil so viele jüdischen Rituale familienbezogen sind, war es einfach und authentisch, das Brauchtum und den

---

[65]) Hymann, The Modern Jewish Family. S. 186.

[66]) Hannah Arendt, The Origins of Totalitarianism. New York 1966. S. 28. Hier zitiert nach Kaplan, Priestess and Hausfrau. S. 78, Anm. 18.

[67]) Moritz Oppenheim (1800-1882) wurde berühmt durch 20 Gemälde (seit 1833), jüdische Genre-Szenen, die 1865 als Stichsammlung »Bilder aus dem altjüdischen Familienleben« veröffentlicht wurden. Oppenheim war der erste jüdische Maler, der das jüdische Bürgertum in Deutschland darstellte. Seine Bilder sprechen die Nostalgie einer jüdischen Gemeinschaft an, die Erinnerungen zu bewahren wünscht, welche ihr wichtig sind und verloren zugehen drohen.

Rhythmus des jüdischen Kalenders in familiärer Umgebung vorzustellen. In vielen orthodoxen Haushalten gab es die Bilder Oppenheims, entweder als Lithografien oder Fotografien. In künstlerischer Form zeigten sie jene Praktiken, die meist noch in ähnlicher Weise beachtet wurden. Aber auch für diejenigen Juden, die dem traditionellen Leben bereits seit mehr als einer Generation entwachsen waren, konnten die Bilder Oppenheims jene familiäre Bindung zum Ausdruck bringen, die auch den Juden heilig blieb, welche ansonsten ihrem Glauben entfremdet waren. Mit der Macht der Gefühle überbrückten Oppenheims Familienbilder jene geistige Entfremdung, die säkularisierte Juden von der religiösen Welt ihrer Vorfahren trennte.

Den Höhepunkt einer jeden Woche bildet für die religiöse jüdische Familie der Schabbat. Vom Freitagabend bis zum Samstagabend bestimmt sein Ritual auch heute noch das Leben an den Wochenenden. Im Verlauf des 19. Jahrhunderts änderte sich für viele Familien der religiöse Stellenwert. Vielfach blieben die Gottesdienstbesuche am Freitagabend und am Samstagmorgen weiterhin selbstverständlich. Nach dem Abendgottesdienst gehörte der Freitagabend dann ganz der Familie. Die religiösen Elemente der häuslichen Schabbatfeier, der Segen über die Schabbatlichter und die Heiligung von Brot und Wein, wurden allerdings in vielen Familien nur noch kurz abgehandelt. Im Mittelpunkt stand das gemeinsame Festessen, der Rest des Abends gehörte dann ganz der Familie. Immer wieder liest man in den Biographien, dass die Eltern - sie hatten sich oft während der Woche kaum gesehen - von ihren Wochenerlebnissen berichteten. Statt der Beschäftigung mit den religiösen Schriften, trat in den bürgerlichen Familien zunehmend weltliche Literatur an die Stelle von Tora und Talmud. Die nachfolgende Beschreibung stammt von Eduard Silbermann, 1851 in Kolmsdorf (Oberfranken) geboren.1861 übersiedelte die Familie vom Land in die Stadt, nach Bamberg.[68] *» An Sabbaten und Festtagen griff das Ritual auch in das Vergnügen ein, da man nicht schreiben, reißen, brechen, pflücken und dergleichen durfte. Einen Teil des Vormittags nahm der Besuch des Gottesdienstes in Anspruch, an dem wir Knaben uns regelmäßig beteiligten [...]. Selbstverständlich nahmen wir auch an den Gottesdiensten des Vorabends teil. Nach dem Gottesdienst wartete unser der herrliche Freitagabend. [...] Der Abend wurde ausschließlich in der Familie verbracht. Vater und Mutter noch in ihrer Jugendkraft und wir Kinder um den Tisch herum, leuchtenden Auges und seligen Herzen! Nach dem üblichen Festmahle, dem wir Kinder wacker zusprachen, erzählte unser Vater*

---

[68]) Silbermann besuchte in Bamberg das Gymnasium und studierte später Jura. Er wurde 1879 als erster Jude zum Staatsanwalt ernannt und amtierte als Senatspräsident beim Oberlandesgericht in München.

von den Erlebnissen der Woche, unsere Mutter von ihrer Heimatstadt Lichtenfels, ein anderes Mal spielten wir »Lotterie«, »Glock und Hammer« und dgl. Manchmal wurde vorgelesen. Wir merkten gebannt auf die Romane der Louise Mühlbach: »Kaiser ... und seine Zeit«, »Maria Theresia und ihre Zeit« und die verschiedenen sonstigen historischen Romane[69]. Das war die Quelle meiner Kenntnisse der neueren Zeit. [...]«[70]

Die Einhaltung der religiösen Gebote, vor allem am Schabbat, fiel nicht immer leicht. In der christlichen Nachbarschaft war der Samstag ein normaler Arbeitstag mit geöffneten Läden und Schulbesuch für die Kinder. Viele Familien versuchten daher sowohl den samstäglichen Notwendigkeiten nachzukommen, als auch den Geboten des Schabbat Genüge zu leisten. Die Führung eines streng rituellen Haushaltes stand für manche Familie nicht im Gegensatz mit der Notwendigkeit, am Schabbat das eigene Geschäft geöffnet zu halten. Auf jeden Fall sollten die Kinder mit den religiösen Gebräuchen und Ritualen vertraut gemacht werden. Wenn schon nicht der Vater, des Geschäfts wegen, am Schabbatmorgen den Synagogengottesdienst besuchen konnte oder wollte, so begleiteten die Mutter oder die Großeltern die Kinder zu den Gottesdiensten.

»[...] der feierliche Gesang des Chors, des gefeierten Vorbeters Lichtenstein und der Gemeinde, sowie die Predigten des sehr beliebten gemütlichen Rabbiners Dr. Sachs haben auf mein kindliches Gemüt einen unauslöschlichen Eindruck gemacht, den ich aus meinem Leben nicht fortdenken kann, wenn ich auch weder den deutschen noch den hebräischen Vortrag verstanden habe. Um so früher wurde - und das war wohl der pädagogische Zweck meines Vaters - der Wunsch nach dem Verständnis dieser schönen, über den Alltag erhebenden Gebräuche in mir erweckt.«[71]

Doch stellte sich den Kindern manche Frage hinsichtlich der Konsequenz des Handels. So durften sie selbst und auch die Mütter und Großeltern keine Fahrzeuge benutzen, der Vater hingegen fuhr zur Regelung seiner Geschäfte mit der Straßenbahn. Darüber hinaus sollten die Kinder in den allgemeinen Schulen an den Feiertagen am Unterricht teilnehmen und auch schreiben.[72]

---

[69]) Louise Mühlbach, Pseudonym für Klara Mundt (1814-1873), verfasste mehrere Dutzend historischer Romane, darunter die wohl hier gemeinten »Kaiser Leopold II. und seine Zeit«, 3 Bde. 1860, und »Maria Theresia und der Pandurenoberst Trenck«, 4 Bde. 1861f.

[70]) Martin Lövinson (1859 – 1930) - Bürger auf Widerruf. S. 116.

[71]) Bürger auf Widerruf: S. 147.

[72]) Vielfach gab es den Kompromiss, dass die Schüler am Schabbat und an den Feiertagen zwar zum Unterricht erschienen, aber nicht mitschreiben mussten.

Befragt nach all diesen Unstimmigkeiten gab es eine mit der herrschenden Aufklärung übereinstimmende Antwort. Mit der Anerkennung der vollen staatsbürgerlichen Gleichberechtigung sei auch die Erfüllung der bürgerlichen Pflichten verbunden. Wer zu den öffentlichen Schulen zugelassen sei, müsse sich daher auch der allgemeinen Schulordnung beugen, wer in Deutschland, seinem Heimatland, ein Geschäft betreibe, müsse auch an den allgemeinen Werktagen für Besucher geöffnet haben und an den bürgerlichen Ruhetagen schließen.

Während in den traditionell-religiösen Familien die religiösen Gebräuche und viele Gepflogenheiten streng gepflegt wurden, geriet manch kleine, aber wichtige Gepflogenheit des Alltags – Tischsitten, saubere Kleidung –, in den Familien der unteren sozialen Gruppen ins Abseits. In den liberaleren resp. wohlhabenderen Familien wurden diese Sitten meist peinlich genau beachtet. Sowohl um mit den gehobeneren Kreisen der Nichtjuden konkurrieren zu können, als auch des eigenen Lebenstils willen. Auch sprachlich bemühte man sich, um ein gepflegtes Hochdeutsch. Das auch in Deutschland als Umgangssprache häufig genutzte Jiddisch wurde zunehmend an den Rand gedrängt. Dahinter steckte nicht nur die Rücksichtnahme auf nichtjüdische Nachbarn und Geschäftspartner bzw. der Wunsch möglichst nicht aufzufallen, sondern auch das Bemühen, den eigenen Kindern alle nur möglichen Hindernisse auf dem Wege zu ihrer kulturellen Assimilation aus dem Wege zu räumen.

Mit dem Jiddischen verschwand zunehmend auch das Hebräische aus dem Hausgebrauch. Viele Geschäftsleute hielten zudem mehr und mehr ihre Geschäfte auch am Samstag, dem Schabbat, geöffnet. Den Familien verblieb daher immer weniger Zeit und oftmals die Lust, am Schabbat die traditionellen Gebräuche, Besuch der Synagoge, Kiddusch etc., einzuhalten.

Städtische Juden, insbesondere die zweite Generation von Stadtbewohnern, reduzierten oftmals die Zahl der Feiertage, die sie feierten und minimierten auch deren religiöse Inhalte. Religiöse Tradition und Identität vermischten sich mit einem städtischen, säkularen Lebensstil, mit dem Ergebnis, dass die Familie zum Eckstein einer mehr säkularen Version des Judentums wurde. Für diese Juden bekam die Familie die Bedeutung, die die Religion einst hatte.[73] Sie förderten, wie ihre nichtjüdischen Zeitgenossen auch, die Idee der Familie, um die Leere zu füllen,

---

[73]) Kaplan, Priestess and Hausfrau. S. 69.

die die Verneinung der religiösen Traditionen hervorgerufen hatte. Somit blieb die Familie weiterhin im Mittelpunkt.

Im christlichen Bürgertum gab es vergleichbare Tendenzen. Das Weihnachtsfest, eigentlich eines der zentralen Feste der Kirche, wurde auf einmal berühmt für seine besondere familiäre Atmosphäre. Weihnachten entwickelte sich zu einer Feier resp. Verherrlichung der Familie. Selbst der preußische Staat erwartete von seinen Beamten ein untadeliges Familienleben. Dieses war ganz entscheidend für einen beruflichen Aufstieg. Georg Hermann greift in seiner Novelle *Jetchen Gebert* auf diese Thematik zurück. Ein kleiner Bibliothekar verliert seine Stellung, weil seine Vorgesetzten glauben, seine Frau habe ihn verlassen. Dieser Roman erschien 1906.

Traditionell oder liberal - religiös oder assimiliert

Neben beruflichen und sozialen Unterschieden mussten im 19. Jahrhundert die Familien auch vermehrt nach ihrer religiösen Grundhaltung unterschieden werden. Zu dem traditionellen religiösen Leben, zunehmend als orthodox bezeichnet, trat die liberale oder reformierte Glaubenshaltung. Die Zugehörigkeit zu der einen oder anderen Glaubensrichtung scheint keine Frage des Wohlstands gewesen zu sein. Die überlieferten biographischen Zeugnisse lassen dies erkennen. Liberal eingestellte Juden fanden sich allerdings verstärkt im begüterten Bürgertum. Gute Schulbildungen, Kontakte zu christlichen Nachbarn und Geschäftspartnern förderten eine freie Gesinnung. Doch gab es auch Beispiele für ein strenggläubiges religiöses Leben in den wohlhabenderen Familien.

Während ein orthodox-jüdischer Vater aus Osteuropa seine Kinder von der nichtjüdischen Umwelt weitgehend fern hielt, war ein orthodoxer Vater in Deutschland nicht unbedingt darauf bedacht, seinen Kindern die nichtjüdische Umwelt vorzuenthalten. Er legte allerdings großen Wert darauf, in seinem Haus eine traditionstreue jüdische Atmosphäre zu schaffen, in der seine Kinder groß werden sollten. Inmitten der starken Assimilationsbestrebungen des 19. Jahrhunderts war es schon ein anstrengendes Unterfangen, ein auf strenge Traditionen ruhendes Haus zu gründen und darin die Kinder zur Einhaltung dieser Traditionen zu erziehen.

Der Vater einer traditionellen orthodoxen Familie wählte die Kontaktpersonen für seine Familie und damit auch für seine Kinder sehr sorgfältig aus. Es war ihm zwar nicht gleichgültig, ob diese mit religiösen oder nichtreligiösen Personen bzw. sogar mit Nichtjuden verkehrten, doch lehnte er den Kontakt mit der nichtjüdischen Kultur nicht strikt ab. Die Kinder konnten durchaus staatliche Schulen besuchen. Allerdings ließen die Eltern ihre Kinder am Schabbat vom Schreiben befreien; an den Feiertagen sogar ganz vom Schulbesuch freistellen. Trotz einer nichtjüdischen Umgebung war den Kindern ihr Jüdischsein stets gegenwärtig. Auch die Umwelt nahm das Anderssein der jüdischen Kinder und ihrer Familien zur Kenntnis.

Auf der einen Seite schuf die Familie im eigenen Hause eine jüdisch-traditionelle Atmosphäre, auf der anderen Seite hoffte die Familie, durch ihr eigenes Verhalten Andersgläubige zur Toleranz gegenüber der jüdischen Lebensführung zu veranlassen. Man war aufgeschlossen für die Kultur der Nichtjuden, ohne jedoch Nennenswertes in die eigene Lebensführung zu übernehmen. So wurde das christliche Weihnachtsfest weitgehend ignoriert, das ebenfalls im Dezember stattfindende Chanukka-Fest meist sehr eindrucksvoll gefeiert. Die orthodox-religiöse Familie lebte gewöhnlich in einer ständigen Konfrontation mit der nichtjüdischen Umwelt. Durch eine strenge und regelmäßige religiöse Unterweisung sollten die Kinder für ein traditionelles Leben in der nichtjüdischen Umwelt vorbereitet werden.

Für die orthodox-religiöse Frau gab es, anders als in Osteuropa, neben dem hebräischen Gebetbuch und jiddischer Erbauungsliteratur durchaus auch Literatur in deutscher Sprache zu lesen. Auch die Kinder wuchsen mit heimatlichen Sagen und Märchen auf. Es galt nicht als tabu, sich mit nichtjüdischen Begebenheiten und der Geschichte der Heimat vertraut zu machen.

Die assimilierte jüdische Familie lebte zumeist in einem städtischen Umfeld. Dort war sie stets auch vielen nichtjüdischen Einflüssen ausgesetzt. Hieraus ergaben sich vor allem für die Kinder vielerlei Schwierigkeiten. Da sie, anders als in den orthodoxen Familien, im Elternhaus keine festen religiösen Vorbilder mehr hatten, waren sie anfälliger oder offener für die nichtjüdischen Einflüsse. Die Kinder sahen manches in ihrem Elternhaus, was anders war als bei den christlichen Freunden. Bei der Beurteilung von jüdischen und nichtjüdischen Gegebenheiten fehlten ihnen oftmals die nötigen Kenntnisse und ein fundierter religiöser Rückhalt.

Die traditionellen Feiern wie Chanukka, Pessach mit dem Sederabend, Sukkot wurden zwar gefeiert, beschränkten sich aber meist auf ein festliches Abendessen im Kreise der Familie. Gespräche über die religiösen und geschichtlichen Hintergründe blieben in der Regel aus. In der Religionsstunde lernten die Kinder, dass der Schabbat, nach dem Versöhnungstag, der wichtigste Feiertag sei. Im Elternhaus erinnerten meist nur ein gutes Essen und die Schabbatkerzen am Freitagabend an diesen Tag.

Von solchen wenigen, eher oberflächlichen Anlässen, abgesehen, trat in einem assimilierten Haushalt die jüdische Tradition kaum in Erscheinung. Stärker als an einer Erziehung in den Traditionen des Judentums war den Eltern an den zukünftigen beruflichen wie gesellschaftlichen Chancen ihrer Kinder gelegen.

Die liberalen jüdischen Frauen Deutschlands verkehrten gern in den vornehmen Salons ihrer christlichen Freundinnen, besonders in Berlin und Frankfurt. Eine Familie, in der die Frau (und Mutter) nur noch gering religiös war, geriet in die Gefahr, sich immer mehr von der jüdischen Religion zu entfernen, auch wenn der Vater noch stärker religiös war. Für die freidenkende deutsche Jüdin hatte auch die Heiligkeit der Ehe nicht mehr die religiöse Bedeutung wie für die orthodoxe Frau.

In vielen jüdischen Familien löste man sich bewusst von den Traditionen. Man feierte den Sonntag, anstelle des Schabbats, beschenkte die Kinder zu Weihnachten und nicht zu Chanukka und manches jüdische Fest wurde nach christlichen Festen benannt, z.B. die Bar Mitzwa als Konfirmation bezeichnet.

Partnerwahl, Heiratsverhalten und Ehe

Die Eheschließung gilt im Judentum, wie schon gesagt, als eine selbstverständliche Pflicht. Jeder Jude soll heiraten, um das Menschengeschlecht zu erhalten. Denn Gott schuf die Erde nicht wüst und leer, sondern er schuf sie als Heimstätte für Pflanzen, Tiere und den Menschen. In Jesaja 45,18 lesen wir *»Denn so spricht der Ewige / der Himmel Schöpfer, er, der Gott / er, der die Erde bildete, sie machte / er, der sie hat gegründet / nicht leerhin sie geschaffen / zum Wohnen sie gebildet.«*[74] Die Rabbinen deuteten diesen Vers nicht nur als Rechtfertigung der religiösen Pflicht zur Heirat, sondern ebenso zur Bildung einer Familie, d.h. der Fortpflanzung. Rabbi Eleasar ging in seiner Feststellung noch einen Schritt weiter: *»Ein Mensch, der keine Frau hat, ist kein Mensch, denn es heißt: ›Männlich und weiblich schuf er sie, und er segnete sie und nannte ihren Namen ›Mensch‹ (Adam),*

---

[74] Für die Texte der hebräischen Bibel wurde folgende Ausgabe verwandt: Die Heilige Schrift ins Deutsche übertragen von Naftali Herz Tur-Sinai. Neuhausen-Stuttgart 1993.

am Tag, da sie geschaffen wurden « (Gen 5,2).[75] Hinzu kommt als erstes Gebot der Tora: *»Und Gott segnete sie und sprach zu ihnen: ›Fruchtet und mehret euch, und füllet die Erde‹.«* (Gen 1,28). Neben der Heirat wird somit die Fortpflanzung ebenfalls als eine Mitzwa, als ein göttliches Gebot verstanden. Je mehr Kinder ein Paar hatte, als um so mehr galt es von Gott gesegnet. Der Kinderreichtum förderte zudem auch das Ansehen des Ehepaares in der Gemeinde. In vielen orthodoxen Gemeinschaften ist die Zahl der Kinder auch heute noch ein wichtiger Gradmesser für die Stellung einer Familie in der Gemeinde.

Ganz anders liest sich dagegen die Position der christlichen Kirche. Schon in früher Zeit glorifiziert sie die Ehelosigkeit und das Mönchstum als die höchsten Ideale. Bezeichnend für den Unterschied zum Judentum ist hier bereits eine Äußerung von Paulus. Er setzt die Ehelosigkeit höher an als die Heirat. Doch wenn schon nicht alle Menschen so sein könnten wie er, sei es besser zu heiraten, als sich in Begierde und Unzucht zu verzehren.[76] Im Judentum galten Ehe und Sexualität, Heirat und Familie zu keiner Zeit als ein Zugeständnis an den schwachen Leib, sondern werden vielmehr als gottgewollte Voraussetzung der Entwicklung zum ganzen Menschen verstanden.

Das Heiratsverhalten ist eine zentrale Frage der jüdischen Sozialgeschichte. Während die endogame Ehe das Überleben der Judenheit und damit auch eine jüdische Identität sichern konnte (wie immer das zu verschiedenen Zeiten aussehen mochte), beschleunigte die Mischehe die Integration in die Umwelt.[77] Wäre es allein auf den Zufall angekommen, dann hätten jüdische Männer und Frauen wohl kaum einen Partner aus der eigenen Gemeinschaft gefunden.

Dieses Problem, das in der Kleinheit der jüdischen Minderheit seine Hauptursache hatte, wurde durch die Urbanisierung noch wesentlich verschärft: Für die auf dem Lande zurückgebliebenen, insbesondere für die Frauen, wurde es immer schwerer, einen jüdischen Ehepartner zu finden. Schon herkömmlich wurden jüdische Ehen nicht dem Zufall überlassen, sondern von den Eltern, ihren Bekannten und Geschäftspartnern vermittelt. Wurde auf diese Weise kein passender Partner gefunden, so schaltete man einen Vermittler ein, den Schadchen. Es darf bei dieser Form

---

[75]) Jabmuth 63a, nach : Der babylonische Talmud. Neu übertragen durch Victor Goldschmidt. Bd. 4. Berlin 1931. S. 531.

[76]) 1. Korinther 7, 1-9 (Ehe und Ehelosigkeit).

[77]) Die Mischehe ist für das traditionelle Judentum auch heute noch ein gravierendes Problem, denn als jüdisch gilt nur der, wer von einer jüdischen Mutter geboren ist.

der Partnervermittlung nicht vergessen werden, dass viele jüdische Familien in ihren Wohnorten ein »Inseldasein« führten. Im eigenen Lebensbereich gab es häufig keine geeigneten Partner. Erst die genannten Kontakte ermöglichten oftmals überhaupt ein Kennen lernen. In der bürgerlichen Gesellschaft Deutschlands hat sich seit dem Ende des 18. Jahrhunderts die Liebesehe allmählich als Norm durchgesetzt - zumindest in der Vorstellung, wenn auch nicht immer in der Wirklichkeit umgesetzt.

Marion A. Kaplan kommt in ihrer Untersuchung *For Love or Money*[78] zu dem Ergebnis, dass auch im 19. Jahrhundert die Mehrheit der jüdischen Ehen arrangiert wurde und dass dabei den wirtschaftlichen Verhältnissen der künftigen Gatten, insbesondere der Mitgift, entscheidende Bedeutung zukam. Die Eheschließung wurde als »ökonomische Transaktion« betrieben, die beiden Partnern Nutzen bringen sollte. Um allerdings einen Konflikt mit dem Ideal der Liebesehe zu vermeiden, wurde nun zum Teil auf die herkömmliche, offene Vermittlung verzichtet, und die künftigen Gatten lernten sich durch von Verwandten oder Bekannten arrangierte »Zufälle« kennen. Auch durch die Schaffung von Kontaktmöglichkeiten beeinflussten oder lenkten die Eltern die »eigene« Partnerwahl der Kinder. Dabei entsprachen diese Heiratsstrategien durchaus den im Bürgertum üblichen: Man suchte »passende« Ehen herbeizuführen, achtete dabei auf die Mitgift und prüfte die wirtschaftlichen Verhältnisse der anderen Seite, auch mit Hilfe von Auskunfteien.[79] Auch wenn die Heiraten arrangiert wurden, war die Ausbildung von engen emotionalen Gefühlen zwischen dem Ehemann und seiner Frau nicht ungewöhnlich.

Trotz des Willens der Mehrheit zur jüdischen Ehe wuchs die Zahl der Mischehen seit dem letzten Viertel des 19. Jahrhunderts beständig an. Besonders hoch war ihr Anteil in den Großstädten. Zwar war in den einzelnen deutschen Staaten das Verbot religionsverschiedener Ehen schon früher beseitigt worden, doch für das ganze Reich wurde die Mischehe, d.h. eine jüdisch-nichtjüdische Ehe, erst ab 1874/75 mit der Einführung der Zivilehe möglich.[80]

---

[78]) Kaplan, For Love and Money. In: Leo Baeck Yearbook XXVIII, 1983. S. 263-300.

[79]) Maurer, Die Entwicklung der jüdischen Minderheit in Deutschland. S. 150/151.

[80]) In manchen Ländern wurde die Eheschließung zwischen Christen und Juden dennoch durch zusätzliche Bestimmungen erschwert. In Hamburg war die konfessionsverschiedene Ehe zwar seit 1851 erlaubt, dennoch mussten Juden, die eine Christin heiraten wollten, zuvor das Bürgerrecht erwerben. Dieses war allerdings mit erheblichen finanziellen Schwierigkeiten verbunden. (Lorenz, Juden in Hamburg, Bd. 1. S. LIII)

Die tatsächliche Zahl der Eheschließungen zwischen Juden und Christen liegt über der amtlichen Zahl. Trat einer der beiden Partner vor der Eheschließung zur Religion des anderen über, so ging diese Ehe als rein jüdische oder christliche in die Statistik ein.

Unter den Juden gab es, abgesehen von Gabriel Riesser[81], der die positiven Wirkungen von Mischehen für die Integration der Juden ähnlich wie die christlichen Liberalen sah, nur wenige Befürworter. Unter den Nichtjuden fand man sowohl bei den Befürwortern wie bei den Gegnern der Emanzipation Fürsprecher für die Mischehe. Die ersten hofften auf eine gesellschaftlich-kulturelle Absorption der Minderheit, die letzteren hofften auf das Verschwinden des Judentums durch Verschmelzung.[82]

Das Rollenverständnis von Mann und Frau in der Familie

Das hebräische Wort für »Familie« - *mischpacha* (jidd.= *mischpoche*) - hat seit dem Fall Jerusalems Eingang in jede von Juden gesprochene Sprache gefunden. Es drückt ein tiefes Empfinden von Zusammengehörigkeit, Zusammenhalt und Zuhause aus - »alle Juden sind eine mischpoche«. Dreh- und Angelpunkt der Familie ist die jüdische Frau und Mutter - Pnina Navé Levinson spricht von einem »kaum versteckten Matriarchat« -, die das jüdische Haus als Zentrum religiösen Praktizierens hütet und gestaltet und es so als den traditionellen Ort der »Heiligung« des Lebens bewahrt. Die tiefe Verehrung und Glorifizierung, die sie dafür erfährt, strahlt ihrerseits wieder auf die Familie zurück und manifestiert von Generation zu Generation ihre zentrale Bedeutung für das Überleben der Gemeinschaft.[83]

Jüdische Frauen müssen als »Priesterinnen« des Hauses über umfangreiche halachische Kenntnisse verfügen, und es heißt, dass Männer /Ge-

---

[81]) Gabriel Riesser (1806-1863; Hamburg) war ein Vorkämpfer der Emanzipation der Juden in Deutschland. Er sah es als seine Lebensaufgabe an, für die völlige Emanzipation und die Aufhebung jeglicher Sondergesetze zu kämpfen. 1848 wurde er in das Frankfurter Vorparlament und in die Nationalversammlung gewählt. Riesser wurde nach 1848 erster jüdischer Richter in Deutschland.

[82]) Maurer, Die Entwicklung der jüdischen Minderheit in Deutschland. S. 155. - Die Menschen, die Mischehen eingingen, und die Lebensverhältnisse solcher Familien zu erforschen, bleibt ein Desiderat der Forschung. - Siehe auch: Hermann Lange, Die christlich-jüdische Ehe. Ein deutscher Streit im 19. Jahrhundert. In: Menora. Jahrbuch für jüdische Studien 1991. S. 47-80.

[83]) In ihrem Buch »Einblicke in das Judentum« befasst sich Pnina Navé Levinson u.a. recht ausführlich mit der Rolle und der Bedeutung der jüdischen Frau und Mutter.

lehrte, die ja zugleich auch Familienväter sind, sich mit ihnen, den »Realistinnen« des Lebens, in allen Dingen beraten und überdies den Rat beherzigen sollen.[84] Ein Grundwort jüdischen Lebens ist das Gottesgebot an Abraham: »In allem, was Sara dir sagt, höre auf sie« (1. Moses 21,12). Zur Erhaltung des häuslichen Friedens wird dem Mann empfohlen, den Willen Gottes und den Wunsch seiner Frau zu erfüllen. Er soll seine Frau beschenken, z.B. schöne Kleider, Schmuck, sie sexuell befriedigen und niemals kränken, selbst unter seinen Verhältnissen essen und trinken, sich gemäß seiner Verhältnisse kleiden, seine Frau und seine Kinder aber über seine Verhältnisse ehren.[85]

»Die Rollen der Eltern ergänzen einander vollkommen und wirken wechselseitig: Der Vater steht für Verstand und Geist; gleichsam zeitlos fungiert er als das Sprachrohr der göttlichen Gebote und repräsentiert die Werte der Gemeinschaft und Tradition. Seine Domäne ist das Lehrhaus, die Theorie. Die Mutter hingegen ist die praktisch Handelnde, die Realistin und Hüterin des Hauses; sie ist die Quelle der Wärme, der Beistand und die emotionale Resonanz. [...] Nur als Paar, als zweigeteilte Einheit, können Mann und Frau Vollständigkeit vor Gott erlangen und ebenbildlich wirken. Ihr Status ist abhängig von Kindern, die ihrerseits wieder auf elterliche Aufmerksamkeit und Fürsorge angewiesen sind.«[86]

Gegenüber dem jüdischen Haus als der Domäne der Frau steht das Lehrhaus als traditioneller Wirkungsort der Männergemeinschaft. Sie stehen in wechselseitiger Beziehung zueinander. Beide sind, nur mit jeweils unterschiedlichen Konnotationen - Bewahrung auf der einen und Bewährung auf der anderen Seite - Träger der Halacha und Lernorte jüdischer Tradition: Während das Lehrhaus den überlieferten Traditionsstoff in jeder Generation neu beschreibt und ihn so von außen sichert, wird er im Rahmen des Hauses und der Familie gleichsam von innen heraus gelebt und in praktische Handlungskompetenzen umgesetzt. Erst vor diesem Hintergrund einer als arbeits- und aufgabenteilig angelegten und auch so empfundenen, gleichberechtigten Partnerschaft wird schließlich der persönliche Einsatz vieler jüdischer Frauen für das Studium ihrer Söhne und Männer verständlich.

Das sicherlich höhere Bildungsniveau der jüdischen Frau, im durchschnittlichen Vergleich mit ihrem christlichen Gegenüber, veranlasste diese, oftmals während der geschäftlich bedingten Abwesendheit des

---

[54]) Herwig, Die jüdische Mutter, S. 84.
[85]) Jeb 62b, BM 59a und z.B. Chul 84b.
[86]) Herweg, Die jüdische Mutter, S. 100.

Mannes, die Geschäfte vor Ort weiter zuführen. *»Meine Mutter, die geschäftlich sehr mildtätig war, besorgte, während mein Vater auf Reisen war, den Versand sämtlicher Artikel und führte auch die Korrespondenz, so dass mein Vater auf seinen Geschäftsreisen stets ruhig und unbesorgt sein konnte. Durch diesen großen Fleiß und Sparsamkeit kamen meine Eltern immer weiter vorwärts [...].«* Philipp Tuchmann (geb. 1810)[87]

Die unterschiedlichen Wirkungswelten der Männer und Frauen wurden nicht als Bevorzugung der Männer oder als Diskriminierung der Frauen gesehen, sondern man habe sich ergänzt und am Tisch des Hauses seine Neuigkeiten ausgetauscht. Den Männern und Vätern wurden alle Haus- und Stadtereignisse mitgeteilt, während die Frauen alles erzählten, was sie in der Synagoge an Neuigkeiten gehört hatten.

Im 19. Jahrhundert kam es in Deutschland und den übrigen Ländern Mitteleuropas zu Entwicklungen, die die jüdische Familie als religiöse Gemeinschaft gefährdeten. Störungen des religiös-familiären Lebens brachten im Verlauf des 19. Jahrhunderts die beruflichen Tätigkeiten der Männer und Väter. Als Selbständige waren sie während der Woche viel auf Reisen und kamen meist erst am Freitagnachmittag zurück. Der Schabbat gehörte aber weiterhin der Familie und der Synagoge. Als beruflich Abhängige, z.B. als Angestellte, wurde ihr Tagesablauf mehr und mehr fremdbestimmt. Völlig neue Beschäftigungsformen und Arbeitszeiten führten zu Konflikten mit der religiösen Praxis.

Neben dem Mann wurde zudem die Frau und Mutter mehr und mehr dem Haushalt entzogen. Die traditionelle Atmosphäre des jüdischen Heims veränderte sich. Die Familie war nicht mehr nur darauf ausgerichtet, getreu der Gebote, Kinder zu zeugen und sie im Sinne der jüdischen Tradition zu erziehen, wie man es von den ostjüdischen Familie gewohnt war. In der zweiten Hälfte des 19. Jahrhunderts, vor allem in den letzten beiden Jahrzehnten, stieg die Zahl der berufstätigen Frauen stark an. Die gesteigerten Lebensansprüche, die auch die jüdischen Familien mehr und mehr ergriffen, machten ein Mitverdienen der Frauen erforderlich. Schließlich wollte man einen in der bürgerlichen Gesellschaft akzeptieren Standard erreichen und halten. Höher wurden aber auch die Anforderungen, die von den jüdischen Männern an die Mitgift ihrer künftigen Frauen gestellt wurden. Die Folge war, dass viele Frauen die finanziellen Vorgaben nicht erfüllen konnten. Sie mussten berufstätig werden, um sich selbst versorgen zu können. Ein Teil fand seinen Unter-

---

[87]) Bürger auf Widerruf. S. 139.

halt als Lehrerin oder Erzieherin, die weitaus meisten suchten eine Anstellung im Handel und als Büropersonal. Dieser Anstieg der weiblichen jüdischen Berufstätigen führte allerdings auch zu einem Rückgang der Geburtenhäufigkeit.[88]

Die absolute Mehrheit der jüdischen Frauen im Deutschen Reich waren Hausfrauen oder künftige Hausfrauen. Ob allein stehend, verheiratet, verwitwet oder geschieden, ob sie bezahlte oder unbezahlte Arbeitsstellen hatten oder nicht, sie waren für alles verantwortlich, was mit dem Haushalt zu tun hatte. Auch wenn sie für die tägliche Hausarbeit bezahlte Gehilfinnen hatten, trugen sie für das Haus die Verantwortung.[89] Diese Feststellung kann sicherlich auf das ganze 19. Jahrhundert übertragen werden.

Aber auch die Berufstätigkeit der Männer verursachte Konflikte. Sie konnten (und wollten) die Beachtung von religiösen Vorschriften nicht immer strikt einhalten. Bei der Kindererziehung hielten sich viele Väter, wegen ihrer beruflichen Auslastung, zumindest in den religiösen Fragen mehr und mehr zurück. Während die Väter schlicht nur religiös zu sein hatten, mussten die Frauen aktiv das Judentum vermitteln. Von den Müttern wurde erwartet, dass sie mit den Kindern beteten und ihnen religiöse Geschichten erzählten. Die Väter mussten nur, bei Erfüllung ihrer religiösen Pflichten, gute Beispiele abgeben. Viele Religionslehrer zählten auf die Mutter, um an ihrem guten Beispiel den Kindern eine umfassende religiöse und moralische Erziehung zukommen zu lassen.[90]

Bildung und Ausbildung der Kinder

In der traditionellen Form der jüdischen Erziehung galt das Hauptaugenmerk den religiösen Texten des Judentums. Noch bis in die Mitte des 19. Jahrhunderts hinein, war dieses die verbreiteste Form der schulischen Erziehung, obwohl ihr Einfluss immer mehr zurückging. Am Ende des 18. Jahrhunderts wurden fast alle jüdische Knaben in den deutschen Ländern nahezu ausschließlich in den Texten der Tora (des Pentateuch), des Talmud und seiner Kommentare unterwiesen. Im allgemeinen verwandte man nur wenige Wochenstunden auf weltliche Stof-

---

[88]) Jakob Segall, Die beruflichen und sozialen Verhältnisse der Juden in Deutschland. Berlin 1912. S. 77/78. - Die Zunahme der Berufstätigkeit bei jüdischen Frauen war um 1907 um drei Prozentpunkte höher als bei den nichtjüdischen.

[89]) Kaplan, Priestess and Hausfrau. S. 63.

[90]) Kaplan, Priestess and Hausfrau. S. 67.

fe wie Rechnen oder gar das Erlernen der deutschen Sprache. Reichere Familien konnten sich eigene Privatlehrer leisten. Die meisten Familien dagegen schickten ihre Kinder in eine Schulklasse im Hause des Lehrers. Dort lernten sie eher planlos als nach irgendwelchen Lehrplänen. Die Kinder mussten Texte aus dem Hebräischen oder Aramäischen ins Jiddische, der Unterrichtssprache, übersetzen. Die Jungen gingen bis zum 13. Lebensjahr in diese Schulen, die Mädchen blieben oftmals ohne eine formale schulische Ausbildung. Sie lernten bei der Mutter Jiddisch zu lesen und die Pflichten einer jüdischen Hausfrau zur erfüllen.

Vielfach kam hinzu, dass die meisten Lehrer gar nicht über eine Lehrerausbildung verfügten. Ein *melammed* zu sein, der Lehrer der Kinder, war nie ein Beruf von hohem Ansehen gewesen. Oftmals war es nur die zweite Wahl, wenn es zu einem erfolgreichen Besuch eines Rabbinerseminars nicht reichte. Der Lehrerberuf brachte weder Reichtum noch Ehre. Selbst nach jahrelanger Arbeit blieb der gesellschaftliche und wirtschaftliche Status niedrig. Die meisten Eltern hätten ihre Tochter nie mit einem Lehrer verheiratet. Auch wenn sich die neuen Lehrer deutlich von den alten polnischen *melamdim* unterschieden, blieben sie weiterhin vom Umgang mit den wohlhabenderen jüdischen Familien und von Kontakten mit Christen ausgeschlossen.[91] Erst im Laufe des 19. Jahrhunderts änderte sich allmählich die Lage: zum einen auf Druck einzelner deutscher Regierungen, zum anderen von aufgeklärter jüdischer Seite. Ein treffendes Beispiel ist hier die von der Alexander-Haindorf-Stiftung in der preußischen Provinz Westfalen gegründete eigene Lehrerfortbildungsanstalt.[92]

Prinzipiell galt in allen jüdischen Familien eine gute schulische Bildung und berufliche Ausbildung der Kinder stets als ein wichtiges Ziel. Unabgängig vom Einkommen und vom Wohlstand strebten die Eltern danach, ihren Kindern die im Rahmen des Möglichen beste Bildung angedeihen zu lassen. Traditionell ist es die Aufgabe des Vaters seine Kinder, vor allem die Söhne zu unterrichten. Die Männer waren aber wochentags

---

[91]) Michael A. Meyer, Von Moses Mendelssohn zu Leopold Zunz. Jüdische Identität in Deutschland 1749-1824. München 1994. S. 148/149.

[92]) Haindorf gründete 1825 im westfälischen Münster einen Verein, der u.a. die Ausbildung von jüdischen Lehrern in einer eigenen Fortbildungsanstalt ins Leben rief. Später kam eine Schule hinzu. Die Lehramtskandidaten mussten ihr Examen vor einer staatlichen Prüfungskommission ablegen. Auf diesem Wege konnte sichergestellt werden, dass an den jüdischen Schulen nach und nach vernünftig ausgebildete Lehrer zum Einsatz kamen. Die Lehrerfortbildungsanstalt bestand bis 1928, als sie im Zuge der Reform der Lehrerausbildung in Preußen aufgelöst wurde.

mit ihren Handelstätigkeiten beschäftigt, wobei sie oftmals auch im Lande umherreisen mussten. Sie konnten sich daher nicht oder nur kaum um die Erziehung ihrer Kinder kümmern. So übernahmen die Frauen die Erziehung der Kinder. Je nach eigenem Bildungsstand sorgten sie auch für eine entsprechende Schulbildung der Söhne.

Eduard Silbermann, der 1879 als erster Jude zum Staatsanwalt ernannt wurde, erinnert sich an seine Mutter: *»Sie drang darauf, dass die Knaben eine höhere Ausbildung als sie die Volksschule gewährt, erhielten. Meine drei Brüder besuchten nach der damals üblichen vollständigen Absolvierung der Volksschule, d.h. ungefähr nach eingetretener Bar Mitzwa, zwei bis drei Jahre die Handelsschule in Bamberg.«*[93] Neben der allgemeinen schulischen Bildung, die für eine Teilnahme am geschäftlichen wie gesellschaftlichen Leben außerhalb der Familien und Kultusgemeinden immer wichtiger wurde, hielten streng religiöse Familien weiterhin an der Vermittlung der traditionellen Werte fest. *»Auch wurde uns Kindern an jedem Morgen von Vater oder Mutter der erste Abschnitt des ›Schema Jisrael‹ vorgesprochen, den wir Kinder nachsprechen mussten,«* schreibt Ahron ben Moscheh Kirschner, Bäcker und Kolonialwarenhändler in Rokittnitz um 1855.[94]

Doch nicht immer konnte der angestrebte Bildungsweg auch beendet werden. Isaac Thannhäuser, nach einem kümmerlichen Leben als Hausierer, schließlich Religionslehrer zu Fellheim, berichtet in seinem Memoirenfragment auch über seine schulische Ausbildung und die Pläne zu einem Studium, die allerdings der frühe Tod des Vater zunichte machte. Geboren wurde er 1774, seine Schulzeit musste er unmittelbar nach seiner Bar Mitzwa beenden. Die Lebenserinnerungen zeigen allerdings, dass auch in einfachen Familien der jüdischen Unterschicht die Ausbildung, zumindest für den Sohn, eine wichtige Rolle spielte. Dabei war durchaus der Besuch einer nichtjüdischen Schule möglich. *»Mein Vater, ein Mann von Vernunft, gab mir eine gute Erziehung, ließ mich erlernen, was zur damaligen finstern Zeit zu erlernen war, ließ mich von zwei Rabbinern unterrichten. Beim ersten lernte ich alle gemeinnützigen Gegenstände und später dann Gemara (Talmud), beim zweiten anfangs Raschi auf die Tora, nachher die anderen vierundzwanzig Bücher mit Raschi. Man schickte mich auch in eine deutsche Schule; ich musste alle Tage den Flecken hinauf nach Illereichen und daselbst bei dem selbst sehr beschränkten Schulmeister lesen, schreiben und rechnen lernen. Meine Eltern, die mich dem Studium gewidmet haben, versprachen sich von mir eine glänzende Zukunft, weil ich wirklich Anlage und Genie fürs Studieren hatte, und so ging meine Laufbahn so ziemlich den*

---

[93]) Bürger auf Widerruf. S. 118.
[94]) Bürger auf Widerruf. S. 133.

ebenen Weg, ohne Anstöße und ohne besonderen Ereignisse bis zu meinem zwölften Jahr.«[95]

Zur Verbesserung der Ausbildung ihrer Kinder zeigten jüdische Familien eine große Mobilität. So weit sie nicht nur wirtschaftlich, sondern auch politisch die Möglichkeit hatten, wechselten sie aus kleinen Dörfern und Landgemeinden in die Städte, auch in Kleinstädte, oder in deren Nähe. Diese Tendenz zeigte sich nicht nur bei allgemein als wohlhabend geltenden Familien, sondern auch kleinere Händler, Kaufleute oder Handwerker verfügten über diese Mobilität. In den Lebenserinnerungen aus dem 19. Jahrhundert liest man immer wieder, dass neben beruflichen oder geschäftlichen Gründen, der Wohnort gewechselt wurde, um den Kindern eine bessere Schulbildung zu ermöglichen.

Ein Wechsel des Wohnortes brachte für die Familie nicht nur Vorteile. Es gab vielfältige Integrationsprobleme. Schwierig war der Umzug immer dann, wenn ein Wohnortwechsel vom Land in die Stadt erfolgte. Wohlstand, Beruf des Vaters und Religiosität bildeten hier wichtige Faktoren. So konnte es passieren, dass man nicht jüdisch genug war, um in der Kultusgemeinde genügende Anerkennung zu finden. Den wohlhabenden jüdischen Kreisen war man, auch wenn das Vermögen stimmen mochte, in manchen Dingen noch zu ländlich, den Christen, auch bei wohlwollender Einstellung eben doch jüdisch. Der schon mehrfach zitierte Eduard Silbermann erinnert sich an den Umzug seiner Familie aus dem Ländlichen nach Bamberg. *»Da sich aber bald herausstellte, dass wir ein von den Gepflogenheiten der jüdischen Bevölkerung einigermaßen abweichendes Leben führten, auch in Bezug auf Toilette uns mehr der christlichen Bevölkerung näherten, nahm man an, dass wir in bescheidenen Verhältnissen lebten, und da auch in Bamberg ›vornehm‹ und ›groß‹ bloße Synonyma für ›reich‹ waren, erkalteten die Beziehungen der ›Großen‹. Wir galten als Bauernjuden.*

Die christliche Nachbarschaft allerdings war mit unserem Auftreten mehr als zufrieden. Ein uns gegenüber wohnender Großkaufmann Lambrecht, von altem Korn und Schlag, der uns in unserer Tätigkeit aus nächster Nähe zu beobachten reichlich Gelegenheit hatte, sagte einmal zu mir: ›Ihr seid christliche Juden, Respekt‹. Freilich in den Augen der glaubensgenössischen Bevölkerung war dies kein Lob. Der ›Makel‹ wurde im Laufe der Zeit wohl gemildert, aber nie ganz beseitigt.«[96]

---

[95]) Bürger auf Widerruf. S. 89.
[96]) Bürger auf Widerruf: S.121.

Fazit

Die Schnelligkeit und Leichtigkeit mit der sich das Judentum auf die Neuerungen einstellte und sich säkulares Wissen einverleibte, wird vielfach auf die jüdische Lerntradition zurückgeführt. Das Studium des Talmud sei eben in jeder Hinsicht eine gute Übung gewesen. Hatte jemand jedoch das geistige Ghetto jüdischen Lernens erst einmal verlassen, war man tendenziell schnell bereit, auch Abstriche beim Praktizieren der Halacha zu machen und sich dem gesellschaftlich-kulturellen Gegebenheiten der nichtjüdischen Umwelt anzupassen. Galt diese Tendenz vor allem für die jungen Männer, sah es bei den Mädchen und jungen Frauen durchaus anders aus. Durch ihr traditionell breiter angelegtes Betätigungsfeld, verfügten sie über einen besseren Ausgleich zwischen theoretischer religiöser Erörterung und praktischen Gegebenheiten und Erfordernissen. Sie neigten eher dazu, jüdisches Leben bei gleichzeitiger Partizipation an den neuen Möglichkeiten, die die Reformen eröffneten, zu bewahren.[97]

Parallel zu den religiösen Reformen in den Gemeinden und den damit einhergehenden Veränderungen in den Familien gab es nicht nur bei den strikten Reformgegnern Äußerungen, die sich für die traditionelle Familie aussprachen. Bereits zu Beginn des 19. Jahrhunderts tauchten vereinzelt Schriften auf, in denen der Wunsch nach Wiederherstellung der jüdischen Familie der Voraufklärungszeit geäußert wurde. Abgesehen von den Argumenten der wirklichen Reformgegner waren es oftmals emotionale oder, modern gesprochen, nostalgische Gründe, die viele für die traditionell-religiösen Lebensformen eintreten ließen. Es war für viele scheinbar leichter, sich geistig von dem traditionellen jüdischen Leben zu lösen, als emotional davon Abschied zu nehmen. Mit zunehmendem Rückgang des religiösen Lebens in vielen Familien und dem damit einhergehenden Werteverlust erschien auf einmal das orthodoxe Haus, die orthodoxe Familie wieder in einem ganz anderen Licht. Sie galt nicht mehr als überholt und rückständig, sondern sie wurde vielmehr in einer Gegenbewegung gegen die um sich greifende religionsfeindliche Aufklärung idealisiert, ja romantisch verklärt.[98] Diese Verklärung fand u.a. ihren Niederschlag in den hier bereits genannten Bildern und Drucken von Moritz Oppenheim, die sich im jüdischen Bürgertum des ausgehenden 19. Jahrhunderts einer großen Beliebtheit erfreuten.

---

[97]) Herweg, Die jüdische Mutter, S. 142.
[98]) Meyer, Von Mendelssohn zu Leopold Zunz. S. 147.

Im 19. Jahrhundert war die Realität des jüdischen Familienlebens positiver als dessen Image. Die moderne jüdische Familie, als ein ideologisches Konstrukt, ist dagegen zum Symbol geworden für die schädlichen Einflüsse der Assimilation, für die mangelnden Kontinuitäten der jüdischen Geschichte.[99]

Mit fortschreitender Zeit, insbesondere nach dem Ende des Ersten Weltkrieges, bildeten die jüdische Familie und die jüdische Gemeinschaft, mehr als die strikte Einhaltung der traditionellen jüdischen Gebräuche, die Basis für die jüdische Identität in Deutschland.[100] Infolge der breiten sozial-historischen Umbrüche während der Mitte des 19. Jahrhunderts und auch bedingt durch den Untergang des osteuropäischen Judentums hat das Konzept von *Mischpacha* inzwischen wehmütige und durchaus verzweifelte Anklänge, die die Frage nach jüdischer Identität und Existenz berühren.[101]

Das jüdische Familienleben galt stets als besonders innig. Ohne diese Harmonie in der Familie hätten die Juden als Minderheit kaum überleben können. Daran hat sich bis heute nichts geändert. Die Familie ist weiterhin für jeden, der sich seines Judentums bewusst ist, der wichtigste Ort jüdischen Glaubens geblieben.

---

[99]) Hymann, The Modern Jewish Family: S. 190.
[100]) Kaplan, Priestess and Hausfrau. S. 76.
[101]) Herweg, S. 100/101.

Literatur

Der babylonische Talmud. Neu übertragen durch Victor Goldschmidt. 12 Bde. Berlin 1930-1936.

Leo Baeck, Das Wesen des Judentums. 2. neu bearb. Aufl., Frankfurt 1922.

Bürger auf Widerruf. Lebenszeugnisse deutscher Juden 1780-1945. Hrsg. von Monika Richarz. München 1989

Julius Carlebach, Zur Geschichte der jüdischen Frau in Deutschland. Berlin 1993.

ders., Familiy Structure and the Position of Jewish Women. - Marion Kaplan on Familiy Structure and the Position of Jewish Women. A Comment. In: Revolution and Evolution 1848 in German-Jewish History edited by Werne E. Mosse, Arnold Paucker, Reinhard Rürup. Tübingen 1981. S. 157-187 u. 189-203.

Deutsch-Jüdische Geschichte in der Neuzeit. Bd. 2: Emanzipation und Akkulturation 1780-1871. Von Michael Brenner, Stefi Jersch-Wenzel und Michael A. Meyer. München 1996.

Begr. »Family«. In: Encyclopacdia Judaica. Vol. 6. Jerusalem 1971. Sp. 1164-1172.

Begr. »Family and Family Life«. In: The Universal Jewish Encyclopedia(!). Vol. 4. New York 1941/1948. S. 242-244.

Begr. »Familie«. In: Ecyclopaedia Judaica. Das Judentum in Geschichte und Gegenwart. Bd. 6. Berlin 1930. Sp. 917-922.

Begr. »Familie, Familienleben«. In: Jüdisches Lexikon. Ein enzyklopädisches Handbuch des jüdischen Wissen in vier Bänden. Bd. 3. 2. Aufl., unveränd. Nachdruck der 1. Aufl. 1927. Frankfurt 1987. Sp. 585-586.

Walter Grab, Der deutsche Weg der Judenemanzipation 1789-1938. München 1991.

Moritz Güdemann, Geschichte des Erziehungswesens und der Cultur der abendländischen Juden während des Mittelalters und der neueren Zeit. 3 Bde. Wien 1880,1884, 1888. Mit einem Nachtr. verm. Auflage. Amsterdam 1966.

Arthur Herzberg, Judaismus. Die Grundlagen der jüdischen Religion. München 1993.

Rachel Monika Herweg, Die jüdische Mutter. Das verborgene Matria-chat. Darmstadt 1995.

Henriette Herz in Erinnerungen, Briefen und Zeugnissen. Hrsg. von Rai-ner Schmitz. Frankfurt a.M. 1984.

Die Heilige Schrift ins Deutsche übertragen von Naftali Herz Tur-Sinai. Neuhausen-Stuttgart 1993.

Samson Raphael Hirsch, Versuche über Jissroels Pflichten in der Zer-streuung, zunächst für Jissroels denkende Jünglinge und Jungfrauen. 4. Aufl., Frankfurt 1909.

Paula E. Hyman, The Modern Jewish Family. Image and Reality. In: The Jewish Family. Metaphor and Memory. Edited by David Kraemer. Ox-ford 1989. S. 179-193.

Juden in Deutschland. Von der Aufklärung bis zur Gegenwart. Hrsg. von Ludger Heid und Julius H. Schoeps. München 1994.

Jüdisches Leben in Deutschland. Selbstzeugnisse zur Sozialgeschichte. Hrsg. und eingeleitet von Monika Richarz. 3 Bde. Stuttgart 1976-1982.

Marion A. Kaplan, For Love or Money. The Marriage Strategies of Jews in Imperial Germany. In: Leo Baeck Yearbook XXVIII, 1983. S. 263-300.

dies., Priestess and Hausfrau: Women and Tradition in the German-Je-wish Family. In: The Jewis Family. Myths and Reality. Ed. by Steven M. Cohen and Paula E. Hyman. Ney York, London 1986. S. 62-81.

Jacob Katz, Aus dem Ghetto in die bürgerliche Gesellschaft. Jüdische Emanzipation 1770-1870. Frankfurt a.M. 1986.

Hermann Lange, Die christlich-jüdische Ehe. Ein deutscher Streit im 19. Jahrhundert. in: Menora. Jahrbuch für deutsch-jüdische Geschichte 1991. S. 47-80.

Pnina Navé Levinson, Einblicke in das Judentum. Paderborn 1991.

Ina Lorenz, Juden in Hamburg zur Zeit der Weimarer Republik. Eine Dokumentation. 2 Teile. Hamburg 1987.

Trude Maurer, Die Entwicklung der jüdischen Minderheit in Deutsch-land (1780-1933). Neuere Forschungen und offene Fragen. 4. Sonder-heft. Internationales Archiv für Sozialgeschichte der deutschen Literatur. Tübingen 1992.

Michael A. Meyer, Von Moses Mendelssohn zu Leopold Zunz. Jüdische Identiät in Deutschland 1749-1824. München 1994.

Jakob Segall, Die beruflichen und sozialen Verhältnisse der Juden in Deutschland. Berlin 1912.

Dieter Schwab, Begr. »Familie«. In: Geschichtliche Grundbegriffe. Historisches Lexikon zur politisch-sozialen Sprache in Deutschland. Hrsg. von Otto Brunner, Werner Conze, Reinhart Koselleck. Bd. 2. Stuttgart 1975. S. 253-301.

Jacob Toury, Soziale und politische Geschichte der Juden in Deutschland 1847-1871. Düsseldorf 1977.

Shulamit Volkov, Die Juden in Deutschland 1780-1918. München 1994. (Enzyklopädie Deutscher Geschichte Bd. 16.)

Neuere Literatur (nicht berücksichtigt / Auswahl)

Kirsten Heinsohn (Hrsg.), Deutsch-jüdische Geschichte als Geschlechtergeschichte. Studien zum 19. und 20. Jahrhundert. Göttingen 2006. (Hamburger Beiträge zur Geschichte der deutschen Juden, Bd. 28)

Sabinc Hödl, Martha Keil (IIrsg.), Die jüdische Familie in Geschichte und Gegenwart. Berlin 1999.

Marion A. Kaplan, Jüdisches Bürgertum. Frau, Familie und Identität im Kaiserreich. Hamburg 1997. (Studien zur jüdischen Geschichte; Bd. 3)

Marion A. Kaplan (Hrsg.), Geschichte des jüdischen Alltags in Deutschland vom 17. Jahrhundert bis 1945. Mit Beiträgen von Marion A. Kaplan u.a. München 2003.

Simone Lässig, Jüdische Wege ins Bürgertum. Kulturelles Kapital und sozialer Aufstieg im 19, Jahrhundert. Göttingen 2004.